W0197816

Lisa Biritz

SPIRIT im Gepäck

Delfine, Wale und Sternenwesen –
Leben in der Neuen Zeit

Mit einem Vorwort von
Jeanne Ruland

Aus dem Englischen von
Sarah Heidelberger

Originalausgabe

Copyright © 2012 by Lisa Biritz

Besuchen Sie uns im Internet:
www.AmraVerlag.de

Deutsche Ausgabe:
Copyright © 2012 by AMRA Verlag
Auf der Reitbahn 8, D-63452 Hanau
Telefon: + 49 (0) 61 81–18 93 92
Kontakt: Info@AmraVerlag.de

Herausgeber & Lektor	Michael Nagula
Umschlaggestaltung	Murat Karaçay
Layout & Satz	nimatypografik
Druck	FINIDR, s.r.o.

Als Grundlage des vorliegenden Buchs diente das unveröffentlichte
englische Manuskript »The Opening. Lifting the Veil: One Woman's
Journey to Understand Everything with the help of Spirit Guides,
Star Family, Dolphins and the Earth«.

ISBN 978-3-939373-91-9

Alle Rechte der Verbreitung, auch durch Funk, Fernsehen
und sonstige Kommunikationsmittel, fotomechanische oder
vertonte Wiedergabe sowie des auszugsweisen Nachdrucks
der Übersetzung, vorbehalten.

Inhalt

Für Star und Rose

Du bist ein göttliches Wesen, das für eine kurze Zeit
eine menschliche Erfahrung macht.
Sei eins mit dem Ozean und mit dem Universum.
Deine salzigen Tränen erinnern dich
an deinen ozeanischen Ursprung.
Alles Leben kommt aus dem Meer der Freude.
Du bist ein göttliches Wesen, geboren
aus fließender, tanzender, leuchtender Energie
in einem Meer heiligen natürlichen Lebens.
Kind des Regenbogens von Sonne, Mond und Sterne,
Licht und Liebe sind bereits in Dir.
Lausche den Klängen und Tönen der Delfine und Wale,
sie wecken Dich auf.

Jeanne Ruland

Vorwort

Lisa ist ein Mensch, der Welten miteinander verbindet, weil sie diese in sich vereint. Sie hat amerikanische, österreichische und holländische Wurzeln. Sie liebt die Berge und das Meer. Sie reist und ist doch beständig in ihrer Art. Sie ist ein Mensch, der authentisch lebt, was er schreibt. Und sie hat auf ihrem Lebensweg viel Wissen gesammelt, das sie nun einfühlsam mit uns teilt. Sie ist eine Regenbogen-Brückenbauerin, die uns in ihrem »Spirit-Gepäck« mitnimmt in andere Frequenzen und Dimensionen.

Ich begegnete Lisa das erste Mal auf Hawaii zum Schwimmen mit wilden Delfinen. Ihre kraftvolle, kompetente, freie und zugleich so natürliche Art, Menschen mit dem Spirit der Delfine und Wale zu verbinden, beeindruckte mich sehr – und ich spürte, wie sich im Kontakt mit den Delfinen mein Bewusstsein veränderte. Ich wechselte in eine spielerisch fließende, multidimensionale Wirklichkeit, die mich nicht mehr verließ.

Wenn wir mit Delfinen schwimmen und tauchen, sind wir gebadet in Töne und Klänge, die uns erfüllen, aufladen, erheben, tragen und öffnen. Wir sind eingebettet in eine ewige, zeitlose, schwerelose, klingende und tönende Essenz, der unser wahres Wesen entstammt. Und wenn wir uns für diese Essenz öffnen, können wir im Einklang mit der Erde, den Sternen und dem gesamten Universum leben. Dann setzt der Flow ein, und wir werden leicht und spielerisch auf einer Welle der Liebe getragen.

Mit dieser frei fließenden Liebesenergie können wir in unserem täglichen Leben kreative und ungewöhnliche Lösungen finden. Wir können in das Mysterium des Lebens eintauchen und unser Leben schöpferisch und freudvoll gestalten.

Ich freue mich, dass dieses wunderbare Buch jetzt das Licht der Welt erblickt. Die Erkenntnisse, die darin zu uns kommen, sind lange vorbereitet, und es hat die Kraft, Menschen zu inspirieren und sie an die liebende, lebendige Stimme der Schöpfung zu erinnern, die uns alle auf einzigartige Weise führt, trägt, nährt und anleitet. Es wird gewiss viele Menschen in ihrer Seele tief berühren.

Möge dieses Buch allen, die es in Händen halten, den größten Segen bringen. Möge es ein kraftvoller Wegbereiter in die Neue Zeit sein. Möge es uns erheben und inspirieren zu einem ozeanischen Bewusstsein, das allen fühlenden Wesen nichts als Frieden und Freiheit beschert. Möge alles darin Miterschaffene seine machtvolle Wirkung entfalten – in Liebe und Harmonie – zum Seelenheil von allem und jedem – jederzeit.

Aloha mahalo für dein wundervolles und heilkräftiges Wirken, Lisa. Du ermutigst uns, unserem einzigartigen Weg auf der Erde vertrauensvoll zu folgen. Lassen wir uns von deinem Wissen und deinen Erfahrungen in eine umfassende Sicht der Wirklichkeit tragen, in eine lebendige Verbindung mit der gesamten Schöpfung.

Aloha nui loa. Schön, dass es dich gibt, Lisa. Danke, dass du uns teilhaben lässt.

In Liebe und Verbundenheit

Jeanne Ruland
www.shantila.de

Das Öffnen

Ozeane, die beinahe Dreiviertel der Oberfläche unseres blauen Planeten bedecken. Delfine, die auf den Wellen springen und tanzen. Gigantische sanftmütige Wale, die in die Tiefe tauchen. Tausende winziger gelber Fische, die sich zu einem eigenständigen Wesen zusammenschließen. Leuchtend orangefarbene und rote Korallen – das Zuhause von Millionen von Lebewesen.

Bergbäche voller Regenbogenforellen und rosafarbenen Kieseln. Klares, kühles Wasser, das in die Tiefe rauscht. Riesige Eichen und Kiefern, in der Luft der Duft von Lebenskraft. Reine, frische Luft. Der Schrei eines Falken, so hoch am Himmel, dass er unsichtbar ist. Ein Reh erscheint und äst, große Ohren und dunkle Augen lauschen und beobachten aufmerksam.

Als ich dreißig Jahre alt bin – und eine Menge Erfahrungen mit Arbeitgebern gemacht habe –, komme ich zu dem Schluss, dass mein einziger Chef auf diesem Planeten die Erde selbst ist. Die Erde schenkt mir ein Zuhause, Nahrung und Kleidung. Ich spreche mit ihr, stelle ihr Fragen. Und sie antwortet. Manchmal spricht sie auch mit mir, ohne dass ich sie darum gebeten hätte. Ich tue, was sie mir sagt. Ihre Führung ist die einzige, der ich folge.

Das Universum hat Himmel und Erde erschaffen, nicht Himmel und Hölle.

Bäume, so hoch wie Gebäude, üppige grüne Blätterdächer. Affen brüllen und springen durch die Zweige. Schillernde Schmetterlinge, so groß wie meine Hand. Heiße, feuchte Luft. Blumen und Pflanzen aller Formen, Farben und Duftrichtungen. Purpurfarbene Frösche, die im Dunkeln leuchten.

Dörfer und Städte mit Rathausplätzen und Statuen aus lange vergangenen Tagen. Märkte voller Menschen aus aller Welt, die anpreisen und kaufen, reden und begutachten. Handgefertigte Kleider und Stoffe. Tische voller Obst und Gemüse. Lachende, herumrennende Kinder.

Er ist ein solches Wunder, dieser Planet. All diese Schönheit.

Abgesehen von der Erde spreche ich auch zu anderen Geschöpfen: Engeln, Tierhelfern, Elfen und Naturwesenheiten, Spirits, der Sternenfamilie und spirituellen Lehrern. Nicht zu vergessen: die Delfine und Wale. Mit ihnen allen zu kommunizieren ist mir mittlerweile zur selbstverständlichen Gewohnheit geworden.

Auch in meiner Kindheit ist all das vollkommen natürlich. Aber da ich in einem Umfeld aufwachse, in dem mein Verhalten nicht gefördert wird, verliere ich meine Fähigkeiten für ein Jahrzehnt. Sie kehren erst zurück, als ich Anfang zwanzig bin. Das ist der Augenblick, in dem das Öffnen – oder sollte ich sagen: das Wieder-Öffnen – beginnt.

Ich bezeichne diese Ereignisse als »Öffnen«, weil sie genau das sind: ein Aufmachen für das, was das Auge nicht sehen kann. Ein Sich-Öffnen für die unsichtbare Welt.

Die sichtbare Welt besteht aus dem, was wir sehen können: Steine, Pflanzen, Tiere, Menschen und allem, was die Menschen auf der Erde erschaffen haben. Die unsichtbare Welt ist das, was dahinter fließt und pulsiert, die Seele von allem. Sie ist der Grund dafür, dass es das Leben, das wir kennen, geben kann – wir kommen aus ihr, wenn wir geboren werden, und wir kehren in sie zurück, wenn wir sterben. In der hawaiianischen *Huna*-Tradition wird diese Lebenskraft *mana* genannt, die indischen Yogis bezeichnen diese Energie als *prana*. Teil von ihr sind auch viele Geschöpfe und Spirits, die für uns da sind, um uns zu helfen und auf unserem Weg zu führen. Das ist schon seit Urzeiten ihre Aufgabe.

Mein erstes Erwachen ereignet sich, während ich zwei Wochen lang einem Auftrag für die Frauenzeitschrift *marie claire* in Namibia nachgehe. Ich betreibe Nachforschungen darüber, wie sich die Beziehung zwischen Weißen und Farbigen verändert hat, seit das Land 1990 seine Unabhängigkeit von Südafrika erlangte. Begleitet werde ich von einem Fotografen, der selbst ein weißer Südafrikaner ist. Während unseres langen Hinflugs erzählt er mir seine Geschichte: wie er mit achtzehn Jahren in der Armee gegen die namibischen Freiheitskämpfer ficht. Nach nur kurzer Zeit wird er von einem Blitz getroffen – und überlebt. Diese Erfahrung erleuchtet ihn buchstäblich. Sie macht ihm bewusst, was er da eigentlich tut: kämpfen in einem unmenschlichen Krieg. Ihm wird bewusst, wie verrückt Kriege gleich welcher Art sind. Nach seiner Genesung zieht er nach Europa, wo er Fotograf und Filmemacher wird.

Wir reisen durch das ganze Land, fahren unendlich viele Meilen, besuchen zahlreiche Menschen und Orte. Ich bin fasziniert von der Weite des Landes. Manchmal halten wir mitten im Nirgendwo an. Wir steigen aus dem Wagen, Stille in der Wüste. In der Ferne ein einsamer, großer Baum – oder ist es eine Giraffe? Flimmernde Hitze. Das Nichts.

Nach einer Woche vergesse ich, meinen Hut aufzusetzen. Wir befinden uns in einem Wildreservat und wohnen in luxuriösen Zelten mit Teppichen und Betten. Am Abend habe ich hohes Fieber: ein schwerer Sonnenstich. Ich erbreche mein Abendessen und schaffe es mit Hilfe des Fotografen gerade so, wieder in mein Zelt zu kommen. Er verabreicht mir Elektrolyte und wartet, bis ich genug Flüssigkeit zu mir genommen habe, ehe er mich die Nacht über allein lässt.

Ich bin im Delirium. Ich höre Geräusche vor dem Zelt, Tiere. Erschöpft schlafe ich ein.

Zitternd erwache ich. Ich sehe eine Antilope, die in meinem Zelt steht. Ich weiß, dass sie nicht real sein kann, weil ich sehe, dass die Zeltklappen geschlossen sind. Trotzdem ist sie da. Ich nehme mein Wasserglas in die Hand, um sicherzugehen, dass ich nicht träume. Ich träume nicht, ich kann trinken. Ich sehe die Antilope. Sie starrt mich ganz ruhig an. Sie ist wunderschön. Ich fühle, wie sich ein warmes, angenehmes Kribbeln in meinem ganzen Körper ausbreitet, während sie mich beobachtet.

Plötzlich verändert die Antilope ihre Form und verwandelt sich in einen winzigen alten Mann. Bis auf einen kleinen Lendenschurz ist er nackt. Er sieht uralt aus und muss mindestens einen Kopf kleiner sein als ich. Er lächelt freundlich. Dann kommt er zu mir herüber und reibt, massiert und hält meinen Kopf vorsichtig etwa eine Minute lang. Er geht.

Ich falle in tiefen Schlaf.

Am nächsten Morgen wache ich mit Kopfschmerzen auf. Das Fieber ist weg. Es ist Mittagszeit, ich gehe ins Esszimmer. Ich treffe den Fotografen. Er ist überrascht, dass ich schon wieder auf den Beinen bin. Ich erkläre ihm, dass ich mich gut fühle, und füge scherzhaft hinzu, dass ich geträumt hätte, von einer Antilope geheilt worden zu sein, die sich in einen kleinen alten Mann verwandelte. Der Fotograf wirft mir einen eindringlichen Blick zu und bittet mich, ihm zu erzählen, was passiert ist. »Das klingt so, als hätte dir ein Geist der Buschmänner geholfen. Oder ein Buschmann«, sagt er.

Er erklärt mir, dass die Buschmänner die Ureinwohner der Länder im Süden Afrikas seien und in Stammesverbänden in der Wüste leben. »Sie sind die Einzigen, die hier ohne technologische Hilfe überleben können. Sie praktizieren ihren eigenen Schamanismus.« Ich habe dieses Wort noch nie zuvor gehört und sehe den Fotografen fragend an. »Sie können mit dem Energiefluss der Natur und des Universums heilen«, erläutert er.

Ich bin fasziniert von der Vorstellung, dass alles eins ist, zusammenhängt. Dass wir alle Funken desselben Lichts, derselben Quelle sind, der Quelle, die die Menschen Gott nennen. Dass es Heiler gibt, die die Gestalt von Tieren annehmen können – so wie sich der Buschmann möglicherweise in eine Antilope verwandelte und kam, um mir zu helfen, damit ich mich schnell erhole und weitere Nachforschungen für meinen Artikel betreiben kann.

Ich frage den Fotografen, woher er all das weiß. Er erzählt mir, dass er etwas Ähnliches erlebt hat, nachdem er vom Blitz getroffen wurde: »Ich bin überzeugt, dass mir die Buschmänner oder die Geister der Buschmänner das Leben gerettet haben. Danach fing ich an, mehr über ihre Lebensweise herauszufinden. Dabei habe ich entdeckt, was wirklich in mir steckt. Ich habe mein wahres Sein kennengelernt. Weißt du«, er sieht mich unverwandt an, »du bist mehr als nur dein Aussehen, dein Geschlecht und das Ergebnis deiner Erziehung. Es geht auch um das, wozu du berufen bist. Um den Grund, aus dem du hier bist. Um deine einzigartige, einmalige kosmische Blaupause.«

Wir haben nur noch ein paar Tage Zeit und arbeiten weiter an unserem Auftrag. Eines Tages begegnen wir in einem Restaurant einem Anhalter. Wir nehmen ihn mit in die nächste größere Stadt, die mehrere Stunden weit entfernt liegt. Er ist Australier, strahlt vor Zufriedenheit, sieht gut aus und ist etwa in meinem Alter – ich bin damals 23. Er erzählt, dass er gleich nach dem Studium aufgebrochen und seit über einem Jahr auf Reisen ist. Er will die Welt sehen, ehe er nach Hause zurückkehrt und sich einen Job sucht.

Ich genieße seine Anwesenheit, sein freundliches und entspanntes Auftreten. Es ist interessant, mit ihm zu reden und ihm zuzuhören. Ich merke, dass ich selbst gern eine Rucksackreise um die Welt machen würde.

Nach meiner Rückkehr kriege ich diesen Gedanken nicht mehr aus meinem Kopf. Obwohl ich einen tollen Job als Redakteurin bei der *marie claire* habe und mir eine vielversprechende Karriere winkt, ist das Fernweh stärker. Also beschließe ich, zu kündigen und es einfach zu wagen: eine Reise mit einem Rucksack um die Welt. Ich war immer eine gute Schülerin, fing mit siebzehn an zu studieren, habe *magna cum laude* als Zweitbeste in einem Jahrgang von fünfhundert Studenten graduiert, war Chefredakteurin der Universitätszeitung. Ich bin überzeugt, dass ich wieder einen Job finden werde, wenn ich von meiner Weltreise zurückkehre.

Sechs Monate später habe ich so viel Geld gespart, dass es für ein Jahr reichen müsste, wenn ich mit Backpacker-Budget reise. Ich verkaufe fast alles, was ich besitze, und kündige alle meine Versicherungen, sogar meine Krankenversicherung. Ich will frei wie ein Vogel sein und einfach eine Weile lang durchs Leben fliegen. Ohne Verantwortung, ohne Bedingungen.

Ich beschließe, in Asien anzufangen, im Himalajagebirge. Von da aus werde ich um die ganze Welt reisen. Mein erster Stopp ist also Bhutan, wo mein zweites Öffnen passiert.

Das Glücks-
ministerium

Ich liege in meinem Zelt und ruhe mich aus. Singhi, mein Führer, bereitet draußen eine Mahlzeit über dem Feuer zu. Wir sind den ganzen Tag über gewandert. Draußen ist es dunkel, die Sonne ist schon untergegangen.

»Lisa, komm her«, höre ich Singhi sagen. Ich krieche aus meinem Zelt, weil ich denke, dass er mich zum Abendessen ruft. Doch er steht mit dem Rücken zum Feuer. Ich gehe zu ihm hinüber. »Schau.« Er zeigt auf den Berg. Ich sehe auf und bemerke ein schimmerndes Licht, das so aussieht wie der Sonnenuntergang. Aber es ist schon dunkel. »Da leuchtet etwas«, sage ich. »Sieh genauer hin«, entgegnet er, »aber nicht auf normale Art. Sieh durch deine Augen, als würdest du fühlen, was dort ist. Verwende dein Drittes Auge.«

Ich blinzle und bemühe mich sehr, zu tun, was er sagt. Ich habe keine Ahnung, was er damit meint, dass ich mein Drittes Auge verwenden soll, auch wenn ich seit meiner Ankunft in Bhutan weiß, was das Dritte Auge ist. Auf all den Heiligenbildern hier wird es als deutlich sichtbarer Punkt zwischen den Augenbrauen dargestellt. Singhi beobachtet mich und lacht. »Entspann dich einfach«, sagt er, dann wendet er sich dem schimmernden Licht zu, was auch immer es ist.

Ich schließe meine Augen und versuche es dieses Mal auf andere Weise. Erst fühle ich durch mein Drittes Auge. Ich spüre, dass da etwas ist. Und dann öffne ich langsam die Augen, versuche, nichts zu fokussieren.

Das schimmernde Licht ist noch immer da. Aber da ist auch etwas sehr Seltsames. Es sieht aus wie große, glühende Lichtkugeln.

»Große Lichtkugeln?«, frage ich Singhi, um sicherzugehen, dass wir dasselbe sehen. »Ja«, antwortet er, »sie umkreisen einander und haben verschiedene Farben.«

Offenbar sehen wir dasselbe. »Was ist das?«, frage ich ihn.

»Sie stammen aus der anderen Welt«, antwortet er.

Ich bin schockiert über die Nüchternheit seiner Aussage. Ich beobachte, wie die Lichtkugeln die Bergflanke hinauf- und hinunterwirbeln, wie sie mit großer Geschwindigkeit über den Berg gleiten und dann langsamer werden, bis sie stillstehen. Sie kreisen umeinander, der Anblick ist wunderschön. Es sieht so aus, als würden sie tanzen.

Ich habe noch nie etwas Ähnliches gesehen. Vielleicht sind es ja Kugelblitze? Ich erinnere mich, dass ich in der Schule gelernt habe, dass Kugelblitze meist nicht länger als eine Sekunde andauern. Aber diese hier sind noch immer da, und es sind viele, vielleicht ein Dutzend. Mittlerweile bewegen sie sich in alle Richtungen, hinauf und hinab, nach links und nach rechts, in verschiedenen Geschwindigkeiten von rasend schnell bis zum absoluten Stillstand. Sie haben auch unterschiedliche Farben, glühen golden, in hellem Silber, in Pastellrosa, Grün. Sie pulsieren, leuchten.

Wir beobachten sie schweigend, bis sie sich weiter und weiter entfernen, den Berg, einen gigantischen Gipfel des Himalajas, hinauf. Bis sie nicht mehr sind als winzige Punkte – und dann verschwunden. Genauso wie Adler, die hoch in den Himmel emporsteigen – an einem bestimmten Punkt werden sie für das menschliche Auge unsichtbar.

Ich frage Singhi: »Was meinst du damit, dass sie aus der anderen Welt stammen?« Über unserer einfachen Lagerfeuermahlzeit erklärt er es mir. In Bhutan gibt es einen festen Glauben an die Geisterwelt. Die Menschen haben eine klare Auffassung über Leben und Tod – woher sie kommen, wenn sie geboren werden, und wohin sie zurückkehren, wenn sie sterben. Es zählt zum allgemein anerkannten Wissen, dass die Seelen der Verstorbenen an einem anderen Ort als Geistwesen existieren, ehe sie sich auf der Erde reinkarnieren – vielleicht in einem anderen Teil des Universums oder sogar in Paralleldimensionen.

Das Königreich Bhutan, ein kleines Land etwa von der Größe der Schweiz, wird von Staat und Kirche gemeinsam regiert. Seine buddhistische Lehre ähnelt derjenigen in Tibet, man glaubt fest an die Reinkarnation: Menschen werden immer wieder reinkarniert, bis sie die nötigen Lektionen gelernt haben, um liebende und erleuchtete Geschöpfe zu werden. Genau das ist Karma: Wiederkehr, bis man eine reine Weste hat.

Ich erinnere mich an den Film *Und täglich grüßt das Murmeltier*. Dort durchlebt der Hauptcharakter wieder und wieder denselben Tag, Tausende von Malen. Jeden Morgen wacht er auf und hat den Sprung in den nächsten Tag wieder nicht geschafft, weil er unhöflich und unfreundlich und schwer zu ertragen ist. Am Ende des Films hat er sich in eine freundliche, aufmerksame und liebevolle Person verwandelt. Da endlich kommt der nächste Tag. Er ist bereit für die nächste Ebene. Singhi, der im Westen studiert hat, kennt den Film und lacht. »Ja, ungefähr so kann man sich das vorstellen.«

Eines der Hauptziele der bhutanischen Regierung besteht im Lebensglück des Volkes. Glück ist, neben Gesundheit und Bildung, der wichtigste Punkt auf der nationalen Tagesordnung. Tatsächlich gibt es dort sogar ein offizielles Glücksministerium, das von einem Mitglied der bhutanischen Königsfamilie geleitet wird.

»Es gehört zu unserer Religion«, sagt Singhi, »dass Glück wertvoller ist als alle Reichtümer und Verlockungen des Lebens.« Er erzählt mir von seinen Jahren in den USA, wo er so viel materiellen Wohlstand, aber so wenig inneren Frieden und Glück gesehen hat. Er ist der Meinung, dass viele Menschen materiellen Wohlstand mit echtem Glück verwechseln, das nur von innen kommen kann. Nach seinem Studium war er froh, nach Hause zurückzukehren, nach Bhutan.

Das Glücksministerium führt im ganzen Land statistische Umfragen durch, um herauszufinden, in welchen Regionen die

Menschen glücklich sind und in welchen nicht. In den Gegenden, in denen es wenig Glück gibt, sucht das Ministerium nach der Ursache und versucht, sie zu beseitigen – ganz gleich, ob es sich um ein materielles oder ein persönliches Problem handelt. Alle sind erleichtert, wenn es ein materielles Problem ist, weil ein solches – ihrer Weltsicht nach – unbedeutend ist und gelöst werden kann. Materielle Güter sind niemals die Quelle wirklichen Glücks, sondern dienen nur vorübergehender Bequemlichkeit und kurzzeitigem Vergnügen.

Schwieriger ist es, seelisches Unglück zu beseitigen. In diesen Fällen schickt das Ministerium buddhistische Lehrer und traditionelle Heiler. Man glaubt, dass unglückliche oder kranke Personen ein Ungleichgewicht in der gesamten Gemeinschaft reflektieren. Um einer einzelnen Person zu helfen, muss das ganze Dorf geheilt werden. Deswegen ist an der Arbeit mit einem Individuum manchmal auch der gesamte Ort beteiligt.

An diesem Abend sitze ich allein unter dem samtenen Himmel, Singhi schläft schon.

Millionen von Sternen, Billionen. Unsere Milchstraße leuchtet. Es gibt so vieles, das wir Menschen nicht wissen und niemals wissen werden. Alles ist ein großes Mysterium, wir werden es niemals ganz verstehen und zu fassen bekommen. Diese Erkenntnis entspannt mich. Ich atme tief ein. Es ist tatsächlich ein Mysterium – ein wunderschönes. Und ich bin ein Teil davon, ein Atom darin. Ich denke darüber nach, was Singhi vorhin gesagt hat: »Du bist eine Seele in einem irdischen Körper.«

Während ich hier sitze, ohne Arbeitsprojekte oder Verabredungen und mit aller Zeit der Welt, begreife ich, dass es im Leben um mehr gehen muss, als morgens aufzustehen und zur Arbeit zu eilen. Ich fange an, mich zu erinnern. An Erfahrungen, die ich als Kind und junges Mädchen mit Engeln, mit meinen Vorfahren, selbst mit Sternenwesen gemacht habe. Sie waren immer hier; ich hatte es nur vergessen.

Ich lache. Auf keinen Fall kann ich einen Artikel über die Lichtkugelspirits für das Magazin schreiben. Kurz bevor ich zu meiner Reise aufgebrochen bin, hat mich die Chefredakteurin gebeten, eine Serie über meine Weltreise zusammenzustellen. Wenn ich über das hier schreibe, werden sie mich für verrückt halten – oder denken, dass ich auf Drogen bin und halluziniere. Keines von beidem ist der Fall. Für sie werde ich weiterhin über die üblichen Touristenerlebnisse schreiben müssen – aber meine persönliche Reise des Öffnens für die andere Seite des Vorhangs werde ich nichtsdestotrotz fortsetzen.

Kraft der Liebe

Auf meiner Reise durch Bhutan ereignen sich weitere ungewöhnliche Vorfälle. Wir verbringen eine Nacht in einem Gasthaus. Es ist weitläufig und befindet sich in einer abgelegenen Gegend, im Randgebiet eines kleinen Dorfes. Die meisten Häuser haben keinen Strom und sehen uralt aus. Alles, selbst die Menschen, kommt mir mittelalterlich vor.

In dem Gasthaus sind wir nicht allein. Auch eine große Gruppe von Mönchen übernachtet dort. Der schwere Duft von Weihrauch liegt in der Luft. Die Mönche sehen prächtig aus, wie sie in ihren dunkelroten und gelben Kutten in dem Raum, der offenbar der große Gemeinschafts- und Speisesaal des Gasthauses ist, sitzen und meditieren. Es überrascht mich, dass sie sich nicht in einem Kloster aufhalten. Singhi erklärt: »Sie reisen in ihr Winterkloster, so wie jedes Jahr. Unter ihnen ist auch ein hoher Lama, ein spiritueller Führer. In dieser Gegend gibt es kein Kloster, das groß genug ist, um sie alle über Nacht aufzunehmen.«

In dieser Nacht bekomme ich kaum ein Auge zu. Durch die Außenmauern des Gasthauses ist ein ständiges Kreischen und Schreien zu hören. Die Geräusche sind sehr gruselig, und wenn ich es nicht besser wüsste, würde ich denken, dass dort draußen ein paar Geister versuchen, hier einzudringen.

Gegen ein Uhr nachts kann ich den Lärm nicht mehr ertragen. Ich wandere in den Flur hinaus, um Singhi in seinem Zimmer zu wecken und ihn zu fragen, was vor sich geht. Zu meiner Überraschung sehe ich am Ende des Flurs im Gemeinschaftszimmer eine kleine Gruppe von Mönchen. Ich gehe zu ihnen; ihre Anwesenheit tut mir gut. Als ich näher komme, höre ich, dass sie Mantras rezitieren, Gebete. Ich setze mich mit etwas Abstand hin, weil ich weiß, dass Frauen Mönche nicht ansprechen dürfen. Entspannt lasse ich mich in den Klang der Mantras fallen. Die summenden Stimmen der Mönche haben etwas Beruhigendes.

Ich erwache davon, dass ein Mönch sanft an meinem Ärmel zupft. »Sie können jetzt wieder ins Bett gehen«, sagt er in klarem Englisch. »Sie sind verschwunden.« Ich sehe ihn verschlafen und verwirrt an. »Wo Licht ist, ist auch Dunkel. Gegensätzlichkeit. Die Dualität auf Erden.« Er hört auf zu sprechen, und ich starre ihn an. Nicht, weil er mit mir spricht, sondern weil er wie ein hochgebildeter Professor klingt. Ich bemerke, dass seine Robe eine andere Farbe hat als die der anderen Mönche. Dann begreife ich: Er ist der Lama.

»Das sind verirrte Geister der Verstorbenen«, erklärt er. »Sie sind nichts weiter als unsere andere Seite. Also lieben wir auch sie, voller Mitgefühl und Verständnis. Sie sind oft dort, wo wir sind, weil sie unser Licht haben wollen. Wir beten für sie, damit sie das wahre Licht auf ihrem Pfad wiedererlangen und um ihnen zu helfen, den Weg dorthin zu finden.«

»Sind sie gefährlich? Was kann ich tun, um mich zu schützen?«, frage ich nervös.

Er lächelt. »Seien Sie unbesorgt - sie können Ihnen nichts tun. Erklären Sie ihnen einfach, dass Sie nicht die Quelle des Lichts sind - dass es das große Licht und die große Liebe sind, zu denen sie reisen und zurückkehren müssen. Das ist der stärkste Schutz. Liebe und Licht. Umgeben Sie sich selbst mit Liebe, empfinden Sie Liebe und Mitgefühl in sich selbst, für sich selbst und für alle Geschöpfe.«

Bis heute nutze ich diesen einfachen, aber höchst wirksamen Schutz, den mir der buddhistische Lama in jener Nacht beigebracht hat. Keine besonderen Zaubersprüche oder Mittelchen – einfach nur Liebe, Mitgefühl und Licht. Sie sind die stärkste Medizin, die es gibt. Die elementare und uralte Macht, die alles Lebendige nährt, wird für immer und ewig die Liebe sein. Liebe ist die stärkste Kraft, die es gibt; sie ist der Klebstoff, der das Universum zusammenhält und dafür sorgt, dass die Menschen auf dieser Erde überleben können. Die meisten von uns üben die Liebe noch. Und genau deswegen sind wir alle hier auf der Erde.

Die Liebe in unseren Herzen ist mehr als nur ein Gefühl. Mir fällt ein, was ich in John Selbys Buch *Die Liebe finden* gelesen habe – dass die Liebe ein realer muskulärer und hormoneller Zustand in unserem Herzen ist. Er beschreibt dort, dass im Rahmen der Princeton Engineering Anomaly-Studie über zwanzig Jahre hinweg untersucht und dokumentiert wurde, wie unser Herz und unser Geist eine energetische Kraft an die Umgebung abgeben, die nachweislich die Leistung sehr empfindlicher elektronischer Geräte beeinflussen kann.

Das Herz erzeugt ein elektromagnetisches Feld, das in die Umgebung abstrahlt, genauso wie unsere Körper als Ganzes und unser Planet ein Energiefeld absondern. Das elektromagnetische Feld Ihres Herzens strahlt nach außen einen energetischen Ausdruck der Gefühle in Ihrem Herzen ab – und die Struktur dieses Feldes verändert sich beachtlich, je nachdem, welche Emotionen Sie in Ihrem Herzen fühlen. Darüber hinaus wird die Kraft dieser Strahlung bei zunehmender Entfernung vom Sender nicht geringer.

Es wurde außerdem entdeckt, dass die Ergebnisse bei Menschen, die glücklich oder voller Liebe waren, nicht doppelt, sondern sechs Mal so stark waren wie bei Individuen, die nicht liebten und keine Freude empfanden. Das bedeutet, dass Liebe und Glücklichsein auf wissenschaftlicher Ebene nicht nur innere Gefühle, sondern nachweisbare Kräfte sind, die wir ausstrahlen und die die Welt beeinflussen. Wenn wir von der Macht der Liebe reden, dann reden wir über eine reale Macht. Jeder von uns kann sich dafür entscheiden, diese Kraft in seinem Herzen, seinem Geist und seiner Seele zu stärken und nach außen zu senden.

In der Princeton-Studie wird aus diesen Ergebnissen gefolgert, dass es auf der Wellen- und Partikelebene der Realität keine klare Grenze zwischen Geist und Materie gibt. Das bedeutet, dass wir tatsächlich alle eins sind und dass alles, was eine einzelne Person fühlt und denkt, stets alles andere mitbeeinflusst.

Ich frage Singhi, warum ich in Bhutan so viele seltsame Dinge erlebt habe. Er erklärt: »Weil es hier ganz normal ist, an die unsichtbaren Aspekte der Seele zu glauben, sind sie hier einfach viel leichter bemerkbar als im Westen. Es gibt keine Ablenkungen, es liegt an der ganzen Schwingung des Landes und der energetischen Sättigung hier. Diese Dinge sind Teil unserer Realität.«

Ich muss an meine zurückkehrenden Kindheitserinnerungen denken, jeden Tag kommen neue dazu. All das fängt an, Sinn zu ergeben.

4

Sternenfamilie

Ich liege wach im Bett. Der Mond scheint heute Nacht hell und klar. Ich bin ein kleines Mädchen, sieben Jahre alt. Eine Sekunde später schwirrt etwas sehr Helles in mein Zimmer. Es sieht so aus, als würde es auf einem Mondstrahl reiten. Zwei Gestalten, groß und bläulich schimmernd. Sie kommen mir sehr bekannt vor. Ich habe keine Angst. Sie sprechen nicht, aber ich lausche – auf eine andere Weise – dem, was sie sagen.

»Wir sind hier, damit du dich erinnerst. Möchtest du mit uns kommen und sehen, woher du stammst?« Ich nicke. Einen Augenblick später reiten wir gemeinsam auf dem Mondstrahl und sind an einem vollkommen anderen Ort.

Er kommt mir sehr vertraut vor. Wir sind in einem unbekannten Bereich, einem Raum. Er hat verschiedene Ebenen und ist sehr hoch, fast wie ein Dom, aber ich kann weder Decke noch Wände sehen. Ich bemerke keinerlei Begrenzungen. Er scheint endlos zu sein. Da sind noch viel mehr Geschöpfe. Es ist nicht überfüllt, sondern weitläufig. Und entspannt. Dazwischen steht etwas, das ich für eine Art Pflanzen halte – nicht wie die, die ich von zu Hause her kenne, sondern welche in völlig anderen Farben und von anderer stofflicher Beschaffenheit.

Es scheint hier zwei Arten von Wesenheiten zu geben: große, die bläulich schimmern, und kleine, nicht viel größer als ich, die Roben tragen. »Wir sind eine Familie. Es ist genauso wie auf der Erde: Bei euch gibt es Menschen mit vielen verschiedenen Hautfarben – aber trotzdem seid ihr alle Teil derselben Menschenfamilie. Durch euer aller Adern fließt rotes Blut, ganz egal, welche Hautfarbe ihr habt«, erklärt mir eines der Wesen, die mich begleiten, so als hätte es meine Gedanken gelesen. »Und ja, wir kommunizieren telepathisch.«

Wir gehen nicht, bewegen uns aber dennoch vorwärts. Wir schweben auch nicht, es ist eher wie Schwimmen, nur dass wir nicht im Wasser sind.

»Vergiss uns nicht, wenn du wieder auf die Erde zurückkehrst, bleibe offen für all das hier«, sagt das andere Geschöpf, das mich begleitet. »Auf der Erde hätte man einen Europäer, der behauptet, dass es Menschen mit schwarzer Haut gibt, vor Zehntausenden von Jahren noch für verrückt gehalten. Dann ist es zur Realität geworden. Eure Technologie hatte sich so weit entwickelt, dass ihr reisen konntet – und ihr habt mit euren eigenen Augen gesehen, dass es Menschen mit schwarzer, weißer, roter, gelber Hautfarbe gibt. Und heute, wo die Evolution wieder eine neue Stufe erreicht, wissen viele von euch bereits, dass es im Universum noch weitere Geschöpfe als nur euch Menschen gibt. Viele von euch erinnern sich, weil ihr dort herkommt.«

Mein Herz lacht in mir, ich fühle mich glücklich und unaussprechlich zu Hause. Ich weiß, dass all das wahr ist. Wie oft habe ich mich fremd unter den Menschen auf der Erde gefühlt. Wie oft habe ich mich über das Verhalten meiner Eltern und anderer Erwachsener gewundert. Dass die Menschen gewisse Dinge taten und sagten, ergab für mich einfach keinen Sinn.

Während wir weiter dahingleiten, nehme ich so viele Eindrücke wie möglich in mich auf. Wir passieren pulsierende Bereiche und Ecken. Die Sternenwesen sitzen und liegen hier und scheinen sich zu entspannen. Dann gibt es Bereiche, die weiß und gelblich glühen. Die Geschöpfe dort tun etwas, aber nicht mit ihren Händen.

»Wir haben dich hierhergebracht, damit du dich erinnerst. Wir können einen deiner Finger mit einem Zeichen versehen, damit du nach deiner Rückkehr weißt, dass dein Besuch hier real war. Es tut nicht weh. Möchtest du, dass wir das tun?« Ich denke kurz nach, dann nicke ich. Ich möchte später gern wissen, ob das hier wirklich wahr und geschehen ist.

Einer meiner Finger an der linken Hand pulsiert, ich sehe ihn an. Jetzt sind darauf zwei perfekte kleine Ringe zu sehen, wie eine liegende Acht. Die zwei Kreise sind miteinander verflochten:

Nun sind mehrere Sternenwesen hier, etwa ein Dutzend, sowohl von der kleinen als auch von der großen Sorte. Ich bin so glücklich, sie zu sehen, dass mir Tränen in die Augen schießen. »Sie erinnert sich«, sagen sie zueinander. »Ja, du kennst uns schon sehr, sehr lange. Wir sind gekommen, um dich zu besuchen.«

Sie umringen mich, und ich spüre, wie ich mit Liebe und Energie aufgeladen werde. Ich sehe eines der Sternenwesen aufmerksam an. »Ja, auch wir haben einander schon viele Male gekannt.« Instinktiv weiß ich, dass das hier etwas mit einer Liebesbeziehung zu tun hat. Mein Herz glüht. Ich sehe die anderen an. Für jede dieser Wesenheiten habe ich ein anderes Gefühl – so wie es auch mit Freunden, Geschwistern, Eltern, geliebten Lehrern ist. Ich bin glücklich.

Es wird Zeit, nach Hause zurückzukehren. Dieselben beiden, die mich abgeholt haben, reiten auf dem Mondstrahl mit mir zurück. Eine Sekunde später bin ich wieder in meinem Zimmer. Und sie sind fort.

Ich sehe meinen Finger an, schalte das Licht ein. Da sind sie, zwei kleine Ringe:

Bis heute weiß meine Mutter nicht, woher das Mal auf meinem Finger kommt. Sie kann sich nicht erinnern, dass ich mich verbrannt oder verletzt hätte oder eine Entzündung hatte. Das alles hätte sie ganz bestimmt bemerkt - weil ich geweint hätte, während sie mir die Hände wusch. Doch die beiden Ringe sind einfach so erschienen. Sie war sehr erstaunt, als ich sie ihr am nächsten Morgen gezeigt habe.

Heute hält meine Mutter es für möglich, dass mehr hinter dem Leben steckt als das, was für das Auge sichtbar ist. Wenn wir über solche Themen sprechen, erwähnt sie meist, dass ich früher bei Vollmond geschlafwandelt bin. Das ist ihre Erklärung dafür, warum ich Engel und andere Geschöpfe sehen kann, auch wenn sie mir auf mein Nachfragen hin nicht erklären kann, was mein Schlafwandeln damit zu tun hat. Dann wiederholt sie einfach, dass ich nachts oft im Haus umhergewandert bin. Der Lärm, den ich machte, weckte sie auf, und sie kam zu mir. Ich habe sie nicht wahrgenommen, obwohl meine Augen weit offen standen. Ich war in Trance.

Meine Mutter versteht viel mehr von diesen Dingen, als sie zugibt: Manchmal trifft sie ganz eindeutige Aussagen. Aber sie ist vorsichtig und wird niemals so offen darüber sprechen, wie ich es tue, wenn ich Engel und Sternenwesen beim Namen nenne. Sie gehört zu einer Generation, in der solche Phänomene sozial nicht so akzeptiert sind wie in Bhutan und anderen Ländern.

In ihrer Generation wurde das Mystische stigmatisiert. In der Generation vor ihr wurden Menschen, die über solche Dinge sprachen, sogar verfolgt, ermordet oder in psychiatrische Anstalten gesperrt. Obwohl die Bibel voller Geschichten über Engel ist, werden Menschen, die offen zugeben, dass sie täglich mit Engeln sprechen, für verrückt gehalten oder als Lügner bezeichnet.

Folglich erklärt mir meine Mutter, wenn ich ihr in meiner Kindheit von meinen Begegnungen mit meiner Sternenfamilie und Engeln oder anderen ungewöhnlichen Ereignissen in der unsichtbaren Welt erzähle, dass ich eine wunderschöne, aber lebhafte Phantasie hätte. Das ist nicht real, sagt sie. Und so fange ich mit den Jahren an, den Anblick anderer Wesenheiten und meine Trancezustände fälschlicherweise für reine Einbildung zu halten. Als ich ein Teenager bin, habe ich mich der anderen Welt vollkommen verschlossen.

Erst viele Jahre später verstehe ich, warum Schlafwandler nicht bemerken, dass sie ihren Körper in ihrem Traum mit sich herumtragen. Oft sind sie Suchende - sie wollen ihr spirituelles Zuhause finden, den Sinn, den ihr Leben hat. Sie spüren, dass es mehr gibt als das alltägliche Leben. In diesen Nächten begeben sie sich in ihrem Astralkörper auf die Suche, und ihr physischer Körper versucht, sie zu begleiten. Wenn ein Schlafwandler sich seiner spirituellen Natur bewusst wird und seine Träume im alltäglichen Leben auslebt, wenn er bei sich selbst ankommt, dann muss er nachts nicht mehr suchen und hört mit dem Schlafwandeln auf. So war es auch bei mir.

Die unsichtbare Welt und Orbs

Es ist ein großes Mysterium, dass und wie eine Welt und ein Universum um uns herum existieren können. Die Schöpfung ist magisch und mystisch, und wir sind ein Teil davon. Nichts ist so nährend und befriedigend wie das Gefühl, in das Leben und das Wunder all dessen eingebettet zu sein, damit verbunden zu sein und auf seinen natürlichen Fluss zu vertrauen. Dann kann man seinen eigenen, einzigartigen Platz im Leben finden. Man begreift, dass man ein Teil der Geistwelt ist. Alle Geschöpfe – ob Mensch oder Spirit – haben eine Seele, sind Bewusstsein.

Viele Menschen im Westen sehnen sich nach dem Mystischen in ihrem Leben; ich auch. Über viele Jahre hinweg lerne ich von verschiedenen Lehrern aus aller Welt mehr über die unsichtbare Welt. Wie man sie betritt und sich in ihr bewegt. Wie man sich mit dem Strom der Schöpfung verbindet und diese unverzichtbare Lebensenergie zurück in die Alltagsrealität bringt. Wie man auf gute und ausgewogene Weise machtvoll sein kann. Über verschiedene Geistwesenheiten und wie man mit ihnen kommuniziert und ihre Hilfe erhält.

Die Fähigkeit, all dies zu tun, ähnelt der Funktionsweise eines Radios oder Fernsehers, der sich auf verschiedene Kanäle einstellt. Obwohl man die Frequenzen der Stationen nicht sehen kann, sind sie da. Man braucht einfach nur ein Gerät, eine Technologie, um sich auf sie einzustellen.

Schamanische Techniken und Zeremonien sind die Technologie, die mir helfen, mich auf die unsichtbare Welt einzustellen und mit ihren verschiedenen Entitäten zu kommunizieren. Zu den entsprechenden Techniken, die universell auf der ganzen Welt in den verschiedensten indigenen Kulturen gefunden werden können, zählen meditative oder Trancezustände. Dabei gehen die Gehirnwellen von einem wachen Betazustand in einen ruhigeren Alphazustand und bis in einen tiefenentspannten Thetazustand über – sie sinken von dreißig auf vier Hertz. Man ist wach, aber sehr entspannt, auf einer anderen Frequenz. In diesem Zustand ist man dazu in der Lage, unterschiedliche Wellenlängen zu empfangen, so ähnlich wie Radios oder Fernseher, die auf verschiedene Sender mit verschiedenen Frequenzen eingestellt werden.

Viele Wissenschaftler und Künstler behaupten, dass ihnen die besten Ideen in dieser Art von Trance gekommen sind; sie kamen nicht aus dem Verstand. Albert Einstein sagte, dass er die Relativitätstheorie nicht erdacht habe, sondern dass sie ihm wie eine Vision plötzlich erschienen sei, während er döste. Nicht wachend, nicht schlafend – sondern in einem Augenblick tiefster Entspanntheit und Trance, in einem Thetazustand. Das ist der Zustand, in dem wir auf den natürlichen Energiefluss eingestellt sind, der hinter allem verläuft.

Albert Einstein hat nach einer universellen Wahrheit gesucht. Er erhielt eine Antwort aus dem Strom, dem Energiefluss des Universums.

Seit es Digitalkameras gibt, erscheinen auf Fotografien immer wieder leuchtende, durchsichtige Formen. Digitalkameras können mehr vom Lichtspektrum aufnehmen, als wir mit dem bloßen Auge sehen können. Die leuchtenden Phänomene haben verschiedene Formen. Zu den häufigsten auf Fotos sichtbaren Erscheinungen zählen runde, glühende Sphären aus Licht, die man Orbs nennt. Sie sind von unterschiedlicher Größe und weisen oft komplizierte Muster auf.

Diese Orbs sind ein Beweis für die Existenz anderer Reiche, für die unsichtbare Welt. Sie sind nicht einfach nur fotografische Anomalien, Staub oder Wassertropfen – das wurde von Klaus Heinemann, Physikprofessor an der Universität Stanford und Werkstoffwissenschaftler der NASA, und seiner Ehefrau Gundi, einer Alternativmedizinerin, in ihrem Buch *Orbs – Lichtboten der größeren Realität* bewiesen, die darüber auch in der DVD-Dokumentation *Orbs – Der Schleier hebt sich* sprechen.

Solche Orbs erscheinen hinter Objekten wie Zweigen und Stühlen und befinden sich eindeutig nicht in der Nähe der Kameralinse. Sie können detaillierte Muster aufweisen, die die Kamera nicht fokussieren würde, wenn sie sich in der Nähe der Linse befänden. Derselbe Orb kann auf verschiedenen Fotos erscheinen.

Die unsichtbare Welt wird durch die moderne Technologie sichtbar. Orbs sind eine wissenschaftliche Erklärung für die Lichtkugeln, die ich in Bhutan sah – nur dass ich sie ohne die Hilfe einer Kamera gesehen habe, in einem meditativen und intuitiven Zustand.

Im Zusammenhang mit dem modernen Phänomen der Orbs gibt es auch viele historische Referenzen, Erzählungen und Gemälde, so wie Cherubim, Engel, Elfen, Spirits und vieles mehr. Einige moderne Lehrmeister der alten östlichen Energieübung Chi Kung bezeichnen Orbs als Energiekugeln, die kommunizieren und Heilungsprozesse unterstützen können.

Orbs sind in der Nähe von heiligen Städten fotografiert worden und erscheinen immer öfter. Orb-Stätten können kultiviert werden: Je mehr Fotos gemacht werden, desto mehr Orbs erscheinen. Dieser Umstand weist darauf hin, dass sie ein Bewusstsein haben. Außerdem scheinen sie auf die Gefühle von Menschen zu reagieren, denn sie erscheinen in größerer Zahl in der Nähe von Menschen, die Liebe, Freude oder Glück empfinden oder meditieren – und in Anwesenheit von Kindern.

Schamanismus

Mit den richtigen Techniken kann jeder lernen, die unsichtbare Welt zu sehen und mit ihr zu kommunizieren – selbst ohne Digitalkamera. Man muss auch nicht Albert Einstein sein, um göttliche Inspiration zu erfahren.

Erreichen kann man dies mit schamanischen Praktiken, die seit 45.000 Jahren mündlich überliefert werden und zu den ältesten existierenden Heilungsformen zählen. Sie haben sich aus den Gesetzmäßigkeiten der Natur entwickelt und werden von allen indigenen Kulturen praktiziert, die versuchen, im Gleichgewicht mit der Natur zu leben. Ob indianische Stämme in Amerika, afrikanische Völker wie die Dogon, Yoruba oder die Buschmänner, die australischen Aborigines, die Ureinwohner Sibiriens und der Mongolei, die Eskimos – sie alle kennen ähnliche Praktiken und Rituale, durch die sie sich mit der unsichtbaren Welt verbinden, um zu heilen und in Harmonie mit der Existenz zu leben.

Der Schamanismus lehrt die Menschen, dass die Kommunikation mit der Quelle von allem, was ist, dem Göttlichen, ein natürlicher Bestandteil des Lebens ist. Indigene Kulturen beginnen schon früh mit Initiationszeremonien für den Nachwuchs. Die Methoden sind einfach zu verstehen, jeder kann sie anwenden.

Zu den häufigsten Techniken zählen der Trancezustand, der durch Trommeln oder andere Klänge, Tanz oder bestimmte Körperhaltungen ausgelöst wird, die Kommunikation mit Krafttieren, die Entfernung oder Herauslösung einer Krankheitsquelle, Phasen der Visionssuche und Übergangsriten für alle Altersgruppen, die Arbeit mit den Vorfahren und Seelenrückholungsarbeit, durch die Teile der Seele zurückgeholt werden, die uns verlassen haben.

1980 erkannte die WHO – die Weltgesundheitsorganisation – offiziell an, dass diese schamanischen Heilungsmethoden ebenso wirksam gegen psychosomatische Störungen und für die Unterstützung eines gesunden und ausgeglichenen Gesamtzustands sind wie die moderne Psychotherapie.

Allen diesen Wegen, sich mit der unsichtbaren Welt zu verbinden, ist eines gemeinsam: Sie verursachen tiefgehende transformative Sinneswahrnehmungen in Körper und Seele. Wenn man diese Praktiken ausübt, bewirkt man damit tatsächlich etwas – man denkt nicht einfach nur nach. Sie verändern und beeinflussen die Biochemie, den Hormonspiegel, das Verdauungssystem und die Gehirn-Rückenmark-Flüssigkeit. Man studiert nicht einfach nur mit dem Verstand eine Philosophie, sondern man lebt sie mit seinem gesamten Sein. Die Ergebnisse sind real und körperlich.

Schamanische Praktiken sind ein Weg hin zu der Freiheit, den eigenen Lebenssinn und dadurch Liebe und Gesundheit im Hier und Jetzt zu finden. Sie sind ein Pfad zu sich selbst, mit sich selbst, eingebettet in die Welt, die Natur und das Universum, verbunden mit allem. Es gibt keinen Guru oder Priester, der die einzige Brücke zu Gott ist, oder der Einzige, der mit Gott kommunizieren kann.

Diese Methoden lehren uns, die Energie hinter allem zu erkennen und zu fühlen – die Matrix, die unsichtbare Welt – Gott. Diese uralte Philosophie betrachtet das sichtbare, physische Leben als eine Reflexion der unsichtbaren Welt. Wenn man sich in seelischer Balance und im Gleichgewicht mit der Energie hinter allem befindet, lebt man auch in der Realität in einem harmonischen und kraftvollen Zustand.

Alle Materie ist Energie – so lautet Albert Einsteins bahnbrechende Relativitätstheorie. Die alten Schamanen verfügten schon vor Zehntausenden von Jahren über dieses Wissen und arbeiteten damit. In seinen kleinsten Bestandteilen ist alles reines Licht und bewegt sich mit Lichtgeschwindigkeit. In der schamanischen Heilungsarbeit können Sie mit dieser Energie, diesem Licht arbeiten – dabei legen Sie in der Matrix und dem Universum oft gewaltige Distanzen zurück.

Ich brauche nur einen kurzen Augenblick, um die Erde zu verlassen. Ich habe eine Art Wurmloch betreten und schwirre durch Tunnel. Plötzlich, ganz schnell und abrupt, bin ich dort. Ein seltsamer Ort in einer weit entfernten Galaxie.

Ich sehe eine Blase, die zwischen den Sternen schwebt. In ihr befindet sich eine kleine Kinderseele, ganz allein. Sie hat ihren physischen Körper verlassen, als sie vier Jahre alt war. In ihrer Familie gab es viel Gewalt, zu viel, um es dort aushalten zu können. Die Seele musste fort von dort, so weit weg, wie sie konnte, in eine weit entfernte Galaxie.

Heute ist der physische Körper der Seele fast fünfzig Jahre alt. Der Mann ist zu mir gekommen und hat mich gebeten, seine zerrüttete Kindheit zu heilen. Ich arbeite mit ihm und in Trance. Ich frage seine Kinderseele, ob sie nun, nach 46 Jahren, zurückkommen möchte. Sie möchte es unbedingt und beginnt zu weinen.

All dies geschieht ohne Worte. Mit meinen Geisthelfern bringe ich die Kinderseele zurück durch die Wurmlöcher und helfe ihr, wieder in den Körper des Mannes einzutreten.

In diesem Moment treten dem Mann Tränen in die Augen, und sein ganzer Körper atmet aus, entspannt sich.

Neuer Schamanismus

Bei meiner Arbeit habe ich Tausende von Menschen darin unterstützt, ihre Verbindung zur Quelle wiederzufinden und auf sie zu vertrauen. Diese Menschen kommen aus den verschiedensten Verhältnissen und Berufen. So wie ich früher versuchen auch sie, Ereignisse in ihrem Leben zu verstehen, bei denen sie Engeln, Sternenwesen oder Spirits begegnet sind. Sie würden gern mit ihnen kommunizieren können.

Wenn ich die Leute, mit denen ich arbeite, frage, warum sie das möchten, erhalte ich immer ähnliche Antworten: das Gefühl und der Wunsch, dass mehr hinter dem Leben steckt als das, was man uns in der westlichen Welt beibringt und zeigt. Sie empfinden ein Verlangen nach etwas Höherem, etwas Noblem, einem Zweck, der Quelle oder Gott, nach etwas, das vollkommen ist und voller Liebe für alle Geschöpfe, die Menschheit und das Universum.

Außerdem möchten sie herausfinden, was ihre Aufgabe in all dem ist, hier in diesem Leben, auf diesem Planeten. Etwas, das bedeutungsvoller ist als zwischen Büro, Zuhause und dem Supermarkt hin und her zu eilen. Sie möchten wissen, was ihr Talent und ihr einzigartiges Geschenk an diesen Planeten ist.

Wenn diese Menschen über ihre Gründe sprechen, sind sie oft unsicher und beschämt, sie versuchen, mit unbeholfenen

Worten das zu erklären, was so schwer in Worte zu fassen ist. Oft haben sie Angst, in irgendeiner Weise verurteilt zu werden – ich kann hören, wie ihre Stimmen zittern.

Das berührt und bewegt mich jedes Mal. Es erinnert mich an den Anfang meiner eigenen Suche. Auch ich fühle mich sehr unsicher und habe sogar Panikattacken, die ich mir nicht erklären kann – bis ich in einer Heilungssitzung mit einem meiner Lehrer begreife, warum ich solche Angst habe.

Ich sehe auf meine Füße herab. Sie stecken in Schuhen, die mir nicht gehören, jedenfalls nicht in meinem augenblicklichen Leben. Ich trage ein langes, braunes Hemd. Ich sitze im Wald; ich sitze einfach da und gucke. Neben mir steht ein Korb voller Blätter, Wurzeln und Kräuter. Ich weiß, wofür sie gut sind.

Ich blicke auf einen wunderschönen, großen, uralten Baum. Er spricht zu mir, erzählt mir, wie ich einer bestimmten Frau helfen kann, ihre Krankheit zu heilen.

Ich gehe zu ihrem Haus und gebe ihr meine Pflanzenheilmittel. Aber als ich das tue, rennt ein Mann – ihr Ehemann – zu mir und schreit, dass das Teufelswerk sei. Er fängt an, mich zu schlagen. Andere Männer und Frauen aus dem Ort kommen und fangen ebenfalls an, auf mich einzuschlagen. Ich werde vom Mob zu Tode getreten und erstochen. Es ist schreckenerregend und grauenhaft.

Es ist eine historische Tatsache, dass im Mittelalter im Rahmen der Hexenjagden im Laufe mehrerer hundert Jahre schätzungsweise sechs bis sieben Millionen Menschen ermordet wurden. Keine andere Kultur hat in so kurzer Zeit ihre eigene natürliche Verbindung zum Göttlichen und ihr Wissen darüber so gründlich zerstört wie die westliche Zivilisation. Die einzigen Überreste sind Legenden von alten schamanischen Heilungen in der nordischen Liedersammlung *Edda* und in den Geschichten der Kelten auf den Britischen Inseln. Alles andere wurde systematisch ausgelöscht.

Bei den Ermordeten handelte es sich oft um Frauen, aber auch um Männer. Jede wissende Person war eine Bedrohung für die

Machtansprüche der Kirche, laut der nur Priester mit dem Göttlichen kommunizieren konnten. Sicherlich gab es auch in der Kirche einzelne religiöse Führer, die integer waren und Respekt vor der Menschheit hatten. Aber als kollektive Institution fühlte sich die Kirche von jedem bedroht, der über die Heilkräfte der Natur Bescheid wusste – wie auch jedes westliche Land, das zu jeder Zeit der Geschichte weltweit indigene Nationen eroberte.

Jeder Mensch, der mit Tieren und der Natur kommunizieren oder mit Kräutern heilen konnte oder Wissen über die Sterne hatte, jeder, der wusste, wie man sich in Trance versetzt und mit der Geisterwelt und den Vorfahren kommuniziert, wurde verurteilt. Im Grunde wurde jeder, der mit einem offenen, freien Herzen und Geist lebte, zum Tode verurteilt. Und da die schamanischen Techniken mündlich und durch praktisches Lernen weitergegeben wurden, konnte man sie nur zerstören, indem man die Eingeweihten ermordete.

Viele Menschen haben solche Erinnerungen – sie wurden auf dem Scheiterhaufen verbrannt, enthauptet, gehenkt, ausgepeitscht, gefoltert, geschlagen. Ob es sich um persönliche Erinnerungen aus vergangenen Leben oder um kollektive Erinnerungen an die Menschheitsgeschichte auf diesem Planeten handelt, weiß ich nicht. Es spielt eigentlich auch keine Rolle, weil diese Erinnerungen und Gefühle vorhanden sind, gespeichert in unseren Zellen und in einem Zellgedächtnis, das von Generation zu Generation weitergegeben wird. Diese Ereignisse haben wirklich stattgefunden.

Es existiert ein kollektives Bedürfnis, sie anzuerkennen und zu heilen. Nur dann können sich diese schrecklichen Geschehnisse auflösen und durch individuelle menschliche Würde und Freiheit ersetzt werden.

Während die schamanischen Methoden in Europa vollkommen zerstört wurden, konnten tapfere Menschen in anderen Teilen der Welt – in den indigenen Kulturen Amerikas, Afrikas und

Australiens – ihr Wissen im Untergrund bewahren, auch wenn sie dafür häufig ihr Leben riskieren mussten.

Beispielsweise dürfen die Ureinwohner Amerikas und Hawaiis erst seit 1978 wieder ihre spirituellen Überzeugungen und Techniken ausüben, was ihnen durch den Religious Freedom Act ermöglicht wurde. Bis dahin konnte man sie dafür ins Gefängnis bringen – und tat es auch. In noch früheren Zeiten wurden sie sogar zum Tode verurteilt, einfach nur, weil sie eine Schwitzhütte betrieben oder andere Zeremonien wie Seelenrückholung, *huna* und schamanische Heilungsarbeit durchführten.

Um unsere Wurzeln wiederzufinden, haben wir Menschen aus dem Westen uns zunächst dem intakten schamanischen Wissen dieser indigenen Kulturen zugewandt. Doch das schamanische Wissen hat sich aus einer universell anwendbaren Wahrheit entwickelt. Es wurde über Zehntausende von Jahren hinweg durch wiederholtes Ausprobieren entwickelt und verwandelte sich in Allgemeinwissen, das den Menschen beim Überleben half. Auch die Menschen aus dem Westen, die sich diesem universellen und natürlichen Wissen, das in unserem Zellgedächtnis enthalten ist, wieder geöffnet haben, konnten die Verbindung wiederherstellen.

Nicht grundlos tanzen so viele junge Menschen in unserer modernen Kultur nächtelang zu pochenden Beats. Unwissentlich versetzen sie sich in einen Trancezustand und machen transzendentale Erfahrungen, versetzen sich in einen Zustand, in dem sie näher bei der Quelle sind. In indigenen Kulturen werden junge Menschen durch Übergangsriten auf das Erwachsenendasein vorbereitet, in denen sie viele Stunden in Trance tanzen. Auch später noch, als Erwachsene, nehmen sie an solchen Tanzzeremonien teil, oft in einem ekstatischen Zustand. Der nordamerikanische Sonnentanz, bei dem bis heute ganze Stämme zusammenkommen, um in einem heilsamen Trancezustand zu tanzen, zu singen und zu trommeln, ist nur ein Beispiel dafür.

In den westlichen Ländern wurde eine neue Form des Schamanismus entwickelt, die viele unterschiedliche Namen trägt: Hypnotherapie, Matrixheilung, Quantenheilung oder Reiki. Es erfolgt ein Wiederaufleben von etwas, das zerstört wurde, obwohl es eigentlich unzerstörbar ist – weil es die heilende Essenz von allem ist.

»Wer weiß schon«, sagt mein Lehrer zu mir, »wer du früher warst. Vielleicht warst du ein indianischer Schamane. Und jetzt helfe ich dir dabei, dich an dieses Wissen zu erinnern, damit du daran mitwirken kannst, dass es wieder bedeutsam für das westliche Kollektivbewusstsein wird. Vielleicht war ich während der Inquisition ein ›Böser‹. Und jetzt bin ich wegen meiner Irrungen in meinem vergangenen Leben ein uramerikanischer Schamane, der wahres Verständnis erlangt hat. Ich begreife, wie wichtig es ist, dass wir unser Wissen für die Menschen aus dem Westen öffnen, um wiederaufleben zu lassen, was einst zerstört wurde.

Niemand ist vollständig gut oder schlecht. In unserem Kern, in jeder Seele, jedem Herzen, befindet sich ein hell leuchtendes Kristalllicht. In manchen Menschen ist es verhüllt und muss gereinigt und poliert werden. Aus anderen leuchtet es bereits klar heraus. Aber unabhängig davon tragen wir alle dasselbe Kristalllicht in uns.«

Während ich mich selbst weiter für das universale Wissen und die unsichtbare Welt öffne, durchschreite ich eine Erinnerung an ein vergangenes Leben, in dem ich selbst ein Täter war, einer der »Bösen«. Ich bin schockiert und angewidert; es fällt mir sehr schwer, mit diesem Wissen zu leben. Aber dieser Prozess ist für mich Gold wert: zu begreifen, dass auch ich einmal andere aus Angst vor dem Unbekannten, vor dem Kontrollverlust, aus Gier und um der Macht willen verletzt habe, und mir selbst dafür zu vergeben. Diese Erfahrung hilft mir dabei, Mitgefühl für diejenigen zu entwickeln, die heute andere verletzen und den falschen Weg eingeschlagen haben. Und zu verstehen, wie die Mechanismen der Bestie, die in jedem von uns wohnt, funktionieren.

Jeder von uns hat schon Fehler begangen. Das zu begreifen unterstützt mich in dem Prozess, mein Wertungssystem aufzugeben, das dualistische System von Gut und Böse. Wir alle sind hier, um zu lernen und zu wachsen. Einem jeden wird vergeben – aber man muss sich dazu entschließen, sich selbst zu vergeben. Wir Menschen haben einen freien Willen; es liegt ganz bei uns, wann wir bereit sind, bestimmte Probleme anzugehen und zu lösen. Das Universum ist endlos geduldig.

Wenn Sie bereit sind, loszulassen und sich selbst der Freude, Schönheit und Helligkeit des Lebens zu öffnen – dann wird das Universum all das auch Ihnen schenken.

Delfine und Wale

Meine erste Begegnung mit Delfinen findet in Florida statt, als ich ein Teenager bin. Wir besuchen dort Freunde meiner Eltern. Sie besitzen ein kleines Segelboot. Eines Nachmittags, als wir aufs Meer gesegelt sind, tauchen plötzlich aus dem Nichts einige Delfine auf. Ich bin glücklich. Man kann nicht anders, als Delfine zu lieben. Sie bringen jeden zum Lächeln.

Die Delfine bleiben eine Weile lang bei uns und schwimmen neben uns her. Sie sind so nahe, dass ich ihr Schnattern und Pfeifen hören kann, ihr kräftiges Ausatmen und wie das Wasser aus ihren Blaslöchern spritzt. In ihren Augen erkenne ich die Intelligenz, mit der sie uns mustern, genauso wie bei uns Menschen. Das erstaunt mich am allermeisten. Sie nehmen uns regelrecht unter die Lupe.

Ich könnte den Arm ausstrecken und sie mit meiner Hand berühren. Aber ich tue es nicht, ich spüre, dass das ein Übergriff wäre. Dass ich sie nur berühren darf, wenn sie den ersten Schritt tun. Am liebsten würde ich ins Wasser springen und wie in der Fernsehserie *Flipper* mit ihnen schwimmen, aber nie im Leben wäre ich darauf gekommen, dass ich das tatsächlich tun könnte.

Sechs Jahre später bin ich auf dem Heimweg von meiner einjährigen Rucksackreise um die Welt. Mein letzter Halt sind die Kanarischen Inseln vor der nordafrikanischen Küste. Ich werde dort zum ersten Mal mit Delfinen schwimmen. In Indien und Thailand habe ich sie mehrfach gesehen, auf Bali bin ich sogar einem Buckelwal begegnet. Jedes Mal spüre ich, dass ich ihnen näher komme, sowohl energetisch als auch körperlich.

Dann höre ich jemanden erzählen, dass es wahrhaftig möglich ist, in freier Natur mit ihnen zu schwimmen. Ich weiß, dass ich bereit bin. Die Delfine haben sich mir auch in meinen Träumen regelmäßig gezeigt: Ich bin umgeben von einem oder mehreren Delfinen; gemeinsam schwimmen und gleiten wir dahin. Die Träume sind immer wunderschön, voller Liebe. Ich erwache daraus mit einem Gefühl der Erfülltheit und Glückseligkeit.

Mittlerweile habe ich das universelle Gesetz der Anziehung kennengelernt. Dass Ereignisse zu einem kommen, wenn man sie einlädt und offen für sie ist. Wissenschaftlich wird dieses Phänomen als Resonanz bezeichnet, als die verschiedenen Dingen oder Menschen innewohnende Fähigkeit, in Harmonie miteinander zu schwingen und einander anzuziehen.

Ich werde der Person begegnen, die mir zeigen kann, wie man mit den Delfinen schwimmt. Ich will nicht mit in Gefangenschaft lebenden Delfinen schwimmen – sie sollen frei sein und zu mir kommen, weil sie es wirklich möchten.

Es dauert nicht lange, bis ich in Thailand eine Frau treffe, die mir den entscheidenden Impuls gibt. Sie erzählt mir von einer schamanischen Heilerin, die es Menschen ermöglicht, mit Delfinen zu schwimmen. Ich weiß instinktiv, dass sie genau die Richtige ist. Sie wird für mich zu einer wichtigen Lehrerin.

Wir verlassen die Küste an diesem ersten Morgen in einem kleinen Gummi-Dingi mit Außenbordmotor: Sali, ihr Kapitän, eine Frau mit ihren beiden Söhnen und ich. Ehe wir aufbrechen, spricht Sali ein Gebet zum Meer und bittet um Erlaubnis, dass wir das Meer und die Delfine in ihrem Zuhause, ihrem Lebensraum besuchen dürfen. Ihre respektvolle Art berührt mich. Wir singen ein Lied – sie sagt, dass die Delfine Musik lieben.

Sali erklärt uns, dass wir nicht enttäuscht sein sollen, wenn die Delfine nicht kommen, dass wir nicht zu viel erwarten sollen – man weiß nie, was passiert, schließlich sind sie wild und frei. Wir sollen einfach nur den Augenblick genießen. Also tue ich genau das. Doch tief in mir spüre ich, dass sie kommen werden.

Meine Intuition trügt mich nicht. Nur eine halbe Stunde später treffen wir auf eine große Gruppe von Delfinen, es sind mindestens hundert. Sie erscheinen aus dem Nichts; plötzlich sind sie da. Dieses Phänomen ist typisch für Delfine und etwas ganz Besonderes. Oft scheint es so, als ob sie aus dem Nichts auftauchen, sich materialisieren.

Wir sind umgeben von wunderschönen Delfinen; mehrere Schulen kommen hier zusammen, erklärt Sali, sie spielen gern zusammen. Und wie sie spielen! Wir beobachten sie dabei, wie sie in Pirouetten umeinander herumschwimmen und sich aneinanderreiben, springen, plantschen, einander jagen. Mein Herz springt vor Freude.

Sali sagt uns, dass wir uns bereit machen sollen, um ins Wasser zu gehen. Vorsichtig gleite ich in den Ozean, versuche, nicht zu laut zu platschen, genauso, wie Sali es uns vorher erklärt hat. Mein Herz klopft, ich schaue mich durch meine Maske hindurch um. Ich sehe sie! Sie sind unter mir, neben, vor mir. Überall! So fließend, so multidimensional. Ich fühle mich, als wärc ich wieder mit meiner Sternenfamilie zusammen – plötzlich ist da ein Erinnerungsblitz, ein Wiedererkennen.

Ein Delfin schwimmt schnell zu mir herauf. Wenn ich nicht wüsste, dass sie sanftmütige Geschöpfe sind, würde ich erwarten, dass er gleich mit mir zusammenprallt. Unmittelbar vor mir hält er an. Nur ein klein wenig näher, und er würde mich berühren. Ich fühle sein Energiefeld und spüre, dass es sich um ein Männchen handelt, weil er sehr lang ist, einer der Größten, die ich erblicken kann. Ich bemerke, dass er mir in die Augen sieht – wie auf dem Segelboot in Florida bei meiner ersten Begegnung mit einem Delfin. Eine Sekunde später schwimmt er davon.

Sali hatte uns vorher gesagt, dass wir der Versuchung widerstehen sollten, hinter den Delfinen herzuschwimmen. Stattdessen sollten wir warten. Sie würden zu uns zurückkommen. Wie das Ein- und Ausatmen, wie Wellen, die heran- und wieder davonrollen, wie der Rhythmus in Freundschaften und Beziehungen, in dem man Zeit miteinander, allein und dann wieder miteinander verbringt. Auch die Delfine haben diesen Rhythmus. Der große Delfin dreht sich um und kommt tatsächlich zurück. Nur, um ein paar Sekunden später wieder davonzuschwimmen. Ich blicke mich um, um herauszufinden, ob da noch weitere Delfine sind. Ich sehe die anderen Leute vom Boot im Wasser. Dann, so schnell wie sie gekommen sind, verschwinden die Delfine wieder, schwimmen in die Tiefe, aus unserem Sichtfeld.

Als wir uns auf dem Boot abtrocknen, erklärt uns Sali, dass dies eine sehr kraftvolle Begegnung war, weil so viele Delfine gekommen sind. Wenn sich so viele versammeln, sagt sie, handelt es sich um eine Initiation. Da jeder Delfin seinen eigenen Echoloten mit Frequenzen aufweist, deren Stärke vergleichbar mit der von medizinischen Ultraschallgeräten ist, durchdringen sie uns buchstäblich bis tief in unsere Zellkerne. Sie öffnen uns förmlich, indem sie unsere DNS-Struktur aktivieren. Und je mehr Delfine anwesend sind, desto stärker ist das Feld.

Sali macht dem Meer eine Darbringung aus Kräutern, um Mutter Ozean und den Delfinen zu danken. Wir singen ein Lied für den Ozean.

Wir fahren weiter. Ich sitze ruhig da, wie die anderen, und blicke auf das Meer hinaus. Keinem von uns ist nach reden zumute – so wertvoll war diese Erfahrung. Sie hallt in meinen Zellen wider.

Etwa eine Stunde später sehen wir in der Nähe unseres Bootes erneut Finnen aus dem Wasser ragen. Aber dieses Mal sind sie viel größer. »Grindwale«, sagt Sali. Obwohl viele Menschen sie für Wale halten, sind Grindwale eigentlich sehr große Delfine. Diesmal ist es eine kleine Gruppe, vielleicht ein halbes Dutzend. Ihre Haut ist dunkelgrau. Sie haben schwere, plumpe Körper etwa von der Größe eines Großtransporters. Sie bewegen sich langsam.

Sali holt ein paar kleine Glocken hervor und läutet sie nahe an der Wasseroberfläche. Die Grindwale scheinen das zu mögen, denn sie kommen sehr nahe ans Boot heran.

Sali gibt uns durch ein Nicken zu verstehen, dass wir wieder ins Wasser steigen sollen, aber die Frau schüttelt den Kopf, ihr Gesicht ist grünlich. Sie sieht aus, als sei sie seekrank. Die Jungen, beide Teenager, und ich bereiten uns vor. Eine Minute später sind wir im Wasser.

Die Grindwale sind direkt neben uns. Erst jetzt wird mir klar, wie groß sie sind. Ich bin nicht nervös, aber ich bemerke, dass die Jungen wieder ins Boot klettern. Ich sehe Sali an, und sie bedeutet mir durch ein Nicken, dass ich allein im Wasser sicher bin. Ich vertraue diesen sanftmütigen Riesen.

Ich liege im Wasser, blicke durch meine Maske und atme durch meinen Schnorchel, schwimme sehr langsam vorwärts. Ein Grindwal schwimmt zu meiner Linken neben mir her, ein anderer begleitet mich zu meiner Rechten. Wenn ich meine Arme ausstrecken würde, könnte ich sie berühren; so nahe sind sie mir. Aber wieder spüre ich, dass das ein Übergriff wäre, und widerstehe. Sie sind so groß, aber anstatt ihre Größe zu fürchten, fühle ich mich mit den beiden Grindwalen an meiner Seite gepolstert, geschützt und sicher.

Dann taucht direkt unter mir ein dritter Grindwal auf, nur ein paar Fuß weiter unten. Ich spüre, dass es ein Weibchen ist. Es dreht mir seinen Bauch zu. Ehrfurcht erfüllt mich. Je ein Grindwal zu meiner Linken und Rechten, einer unter mir, der auf dem Rücken schwimmt – ich bin in tiefster Trance. So schwimmen wir vier eine ganze Weile lang, bilden eine Art Einheit.

Ich spüre Energie in mich fließen, fühle, wie sich mein Körper und meine Zellen unermesslich weit öffnen. Die Grindwale kommunizieren mit mir. Ich bezeichne diesen Prozess als »Downloaden«. Er spielt sich ohne Worte ab, doch eine große Menge an Informationen wird in mich hineintransportiert. Sie fühlen sich wunderbar an, sehr alt und voller Weisheit.

Ich fange an zu zittern, und mir wird klar, dass ich bereits sehr lange im Wasser gewesen sein muss. Auch Sali muss das spüren, denn ich höre, gedämpft durch das Wasser, ihre Stimme. Im Rausch des Augenblicks kann man leicht vergessen, dass der Körper im Wasser stark auskühlt. Ich schwimme zurück zum Boot und klettere hinein. Ich zittere. Ich wickle mich in mein Handtuch und esse Obst und ein paar Nüsse, die mir Sali in die Hand drückt.

Ich blicke aufs Wasser hinaus; die Wale sind noch immer da. Sie bleiben noch etwa eine halbe Stunde bei uns, genau neben unserem Boot, so als ob sie mir zurufen würden, ich solle wieder zu ihnen kommen. Aber mir ist zu kalt, ich habe noch keinen Neoprenanzug. Ich beobachte die Grindwale, spüre ihre Energie.

»Sie mögen dich sehr«, teilt Sali mir mit. »Das ist etwas ganz Besonderes.« Auch ich spüre die Besonderheit dieses Ereignisses. Es ist die Art von Erlebnis, die man nur wenige Male in seinem Leben hat. Wenn man sie erkennt und nicht rationalisiert oder herunterspielt, verschieben sie die ganze Realität, die Perspektive, aus der man das Leben betrachtet, und das Gefühl dafür, wer man wirklich ist. Was die eigene Lebensaufgabe ist und wofür man in diesem Leben auf diesen Planeten gekommen ist.

Jetzt bin ich mir absolut sicher, dass mein Leben immer mit Walen und Delfinen verknüpft sein wird. Ich begreife etwas, das ich zuvor oft gespürt habe, aber niemals wirklich glauben konnte, weil es so wunderbar und schön ist. Die Delfine und Wale sind ein Teil meiner Familie. »Ja, es ist wahr«, spüre ich sie sagen, »du bist mit uns verbunden, du hast gemeinsam mit uns einige Aufgaben zu erledigen. Wir werden dir helfen, dich selbst zu heilen, und du wirst anderen helfen, durch uns zu heilen.«

Die Zeit ist schnell vergangen, wir müssen jetzt zu unserem Hafen an der Küste zurückkehren. Wir singen den Walen unser Lebewohl und danken ihnen. Sie verschwinden, verstehen unsere Botschaft.

Einige Minuten, nachdem sie uns verlassen haben, beginnt die Frau auf dem Boot, sich zu übergeben, obwohl die See ruhig ist. Zuckungen schütteln ihren ganzen Körper durch, obwohl sie nichts mehr im Magen hat. Ich spüre, dass ihr Zustand etwas mit den Walen zu tun hat. Als ich Sali später danach frage, bestätigt sie meinen Verdacht. »Die Frequenzen, die die Wale von sich geben, durchdringen unser Gewebe

*und unsere Zellen bis in die Tiefe und spülen so alles aus uns heraus.
Sie öffnen und reinigen uns.«* Die Frau auf dem Boot hat sich gerade
von dem Vater ihrer Söhne scheiden lassen. Sie musste all den Schmerz,
die Trauer, die Wut und alle anderen Gefühle, die die Trennung in
ihr ausgelöst hat, erbrechen. Sich entschlacken, von innen reinigen und
schließlich loslassen.

In all den Jahren, die ich nun schon mit Walen und Delfinen
arbeiten darf, habe ich oft beobachtet, dass die Menschen ihr
Herz öffnen, weil die Delfine und Wale diese besondere Fähigkeit
haben, zu heilen. In dem Moment, in dem sie ihr Herz öffnen,
kommen all die unterdrückten Gefühle hoch, die das Herz davon
abhalten, das zu sein, was es eigentlich ist: aufrichtige und pulsierende Liebesenergie. Auch ich weine oft, wenn ich mit den
Walen und Delfinen schwimme. Es ist die Art von Weinen, die
sich einfach nur wunderbar anfühlt. Herz und Seele erwachen
wieder zum Leben, füllen sich mit Liebe.

Ich bin dankbar, dass es mir erlaubt ist, mit den Walen und
Delfinen zu arbeiten. Ich spreche bewusst davon, dass es mir »ge-
stattet« ist, denn es ist auch ihre Entscheidung. Sie sind lebendige
Wesen, möglicherweise viel intelligenter als wir Menschen. Ich
betrachte es als Ehre. Dasselbe gilt auch für meine Arbeit mit
Engeln und Geisthelfern: Ich bin dankbar, dass es mir »erlaubt«
ist, sie auszuführen.

*An diesem Abend träume ich von den Grindwalen. Sie sind in der Bucht
vor meinem Fenster und singen ihr Lied. Sie rufen meinen Namen, erzählen mir, wie glücklich sie sind, dass ich gekommen bin. Mit ein paar
Unterbrechungen träume ich die ganze Nacht über von ihnen. Dazwischen
wache ich auf, liege im Bett und lausche dem Wellenrauschen.*

*Am nächsten Morgen erzählt mir Sali, dass die Delfine und Wale die
ganze Nacht über in der Bucht waren.*

Ich bin heimgekehrt zu meiner Familie.

Spirit-Linien

Ich kann mich daran erinnern, dass ich in einem vergangenen Leben ein Delfin war. Es ist nicht nur ein tiefgehendes Wissen, auch ein starkes Gefühl. Wenn ich mit Delfinen zusammen bin, verstehe ich, wie sie innerlich ticken. Auch sie spüren das. Wir kommunizieren auf einer nonverbalen Ebene, ganz ähnlich wie mit meiner Sternenfamilie. Bei ihnen fühle ich mich zu Hause.

Was heißt »Familie«? Sie besteht aus mehr als nur der Abstammungslinie in diesem Leben – Mutter, Vater, Großeltern, Urgroßeltern und so weiter. Die Familie setzt sich darüber hinaus aus den Vorfahren unserer vorhergegangenen Inkarnationen zusammen.

Im Schamanismus werden solche Ahnen als »Spirit-Linie« bezeichnet. Erkennt man sie an, öffnet man sich einem viel größeren Kreis der Liebe und Unterstützung, als wenn man nur seine direkten Verwandten als Familie empfindet. Sie gibt einem Kraft, vor allem, weil sich viele Menschen unter ihren direkten Blutsverwandten und in ihrer Familie wie Fremde fühlen.

In unseren vergangenen Leben waren wir manchmal, aber nicht immer Menschen. Manche Leute fühlen sich stark zu einem bestimmten Land, einer besonderen Kultur oder Region hingezogen. Es ist, als ob sie diesen Teil der Welt kennen würden – weil sie dort tatsächlich einmal gelebt haben. Er ist Teil ihrer Herkunft.

Im Fall von früheren nichtmenschlichen Inkarnationen führen die alten Spirit-Reihen mancher Leute zu den Engeln; sie waren einmal ein Engel. Oder Elfen, Meerjungfrauen oder Meermänner. Angehörige des magischen Volks, alte Schamanen, Sternenwesen. Ich kenne jemanden, der einmal ein Löwe war, und mehrere andere, die früher als Wale gelebt haben. Manche waren in einem früheren Leben sogar Steine.

Wir sind mit allem und jedem verwandt; im Schamanismus gibt es nichts, das nicht als Vorfahre und Verwandtschaft betrachtet wird. Manche sind uns vertraut, andere eher fremd.

Ich begreife, dass auch ich einmal ein Stein gewesen bin, als ich eine eindrucksvolle Botschaft von einer Natursteinwand im Wald erhalte. Ich wandere und grüble über eine Lebensfrage: ob ich die Fähigkeit und Stärke besitze, nicht nur ein spirituelles Leben zu führen, sondern auch in diesem Bereich zu arbeiten. Ich möchte Menschen in ihrem Heilungsprozess unterstützen und ihnen helfen, eine Verbindung zu ihrer Seele und ihrem Daseinsgrund aufzubauen.

An diesem Punkt bin ich gerade erst von meiner zweiten Rucksackreise um die Welt zurückgekehrt. Mein erster Trip, der in Bhutan beginnt und mich über Nepal nach Indien, Thailand, Bali und auf die Kanarischen Inseln führt, dauert ein Jahr. Nach der Rückkehr finde ich schnell einen neuen Job bei einem anderen Magazin, diesmal ist es die *Elle*. Doch schon neun Monate später kündige ich wieder und begebe mich auf eine weitere, eineinhalb Jahre lange Reise, auf der ich bei verschiedenen Lehrern auf der ganzen Welt lerne.

Nach meiner zweiten Rückkehr arbeite ich wieder als Journalistin, nun aber freiberuflich für verschiedene Magazine. Es läuft gut, ich schreibe Artikel über Lifestyle und Reisen, führe Interviews mit Prominenten. Meine Tätigkeit lässt mir die Zeit und den Raum, weiterzulernen und mehr über die Dinge herauszufinden, die mich wirklich interessieren: metaphysische Fragen über das Leben und das Universum, die Seele und die Psyche.

Dennoch weiß ich, dass ich beruflich umsatteln will, dass ich gern in dem spirituellen Bereich arbeiten würde, über den ich so viel gelernt habe. Aber ich habe keinen blassen Schimmer, wie ich das angehen soll.

Während ich darüber nachdenke, was ich wohl tun soll, mache ich eine Pause und betrachte die wunderschöne Steinwand, die majestätisch vor mir emporragt. Sie ist beige, gelb, rot und grau schattiert, hier und da grün getupft von kleinen Pflanzen, die auf wundersame Weise aus dem Stein herauswachsen. Eine kleine dunkle Höhle im Stein sieht so aus, als ob sie ein Tierbau ist. In anderen kleinen Höhlen weiter oben in der Steinwand haben Schwalben, die in akrobatischen Kunststücken durch die Luft segeln, ihre Nester gebaut.

Während ich dasitze und diese Schönheit betrachte, beginnt der Stein zu sprechen. Die Stimme ist uralt und tief. »Sei geduldig, die Zeit ist noch nicht reif. Aber ich versichere dir, dass der richtige Augenblick kommen wird. Dann wirst du wissen, was zu tun ist, und alles wird ganz von selbst fließen. Was mit seiner Energie übereinstimmt, das unterstützt das Universum.«

Ich warte auf mehr. Mittlerweile, fünf Jahre nachdem ich mich durch die Begegnung mit dem Buschmann in Namibia zum ersten Mal für die unsichtbare Welt geöffnet habe, ist es für mich ganz normal geworden, dass nicht nur Menschen sprechen können, sondern auch Spirits, Entitäten, Tiere, Pflanzen. Und neuerdings offensichtlich auch Steine.

»Du weißt, was Geduld ist, denn auch du warst einmal eine von uns. Hast Ewigkeiten lang geduldig dagesessen, beobachtet, wie sich um dich herum alles bewegt, hast die Dinge in dich aufgenommen und gelernt. Hast Halt gegeben, wie ein Knochen. Genau das musst du auch jetzt tun.«

Ich lächle, es fühlt sich richtig an. Es ist wahr – der richtige Zeitpunkt für radikale Veränderungen in meinem Leben ist noch nicht gekommen. Es geht mir gut als Journalistin, ich bin ein Profi. Es ist besser, zunächst weiter zu lernen und Wissen über die spirituellen Reiche anzusammeln. Ruhig zu beobachten, alles in mich aufzunehmen.

Ich erinnere mich daran, wie es war, ein Stein zu sein. Dadurch fühle ich mich sehr stark, und mein Blickwinkel auf Zeit und Geduld verändert sich.

Machtvolle Geschöpfe leben in Kristallen, Mineralen und Steinen; Seelen, die voller Liebe und Hingabe sind. Stein ist verdichtete und gebündelte Energie in ihrer physischen Manifestation. Er absorbiert und speichert kosmische Lebensenergie und Licht und strahlt sie über die ganze Erde ab, verteilt sie. Kristalle und Steine sind sehr wichtig für die Gesundheit und Stärke der Erde. Sie können auch Menschen dabei helfen, wieder gesund zu werden, sowohl körperlich als auch seelisch.

Die alten Kulturen wussten von der Stärke, die den Steinen innewohnt. Die Kelten errichteten Stonehenge und andere heilige Stätten aus Stein. Steinerne heilige Stätten gibt es auf der ganzen Welt.

Die Bewohner des alten Atlantis arbeiteten verstärkt mit der Kraft der Kristalle. Bis heute finden sich ihre energetischen Konstruktionen in der Gegend des sogenannten Bermuda-Dreiecks im Atlantik.

Ich bin in die Karibik gereist, um die Delfine zu besuchen. Es ist früher Morgen, und ich sitze auf einem Katamaran. Wir fahren parallel zur Küste. Ich genieße die Brise, die warme Luft, das türkisfarbene, kristallklare Wasser. Ich schließe meine Augen. Zu meiner Überraschung sehe ich sofort eine durchscheinende Pyramide. Sie ist sehr groß. Ich sehe sie mir genauer an und erkenne, dass ihre Ecken aus Kristallen bestehen. Ich höre auch Geräusche, sie ähneln Gesang, nur dass es keine irdischen Stimmen sind.

»Delfine, da!«, höre ich jemanden rufen und öffne meine Augen. Vor uns springen Delfine aus dem Wasser. Als wir näher kommen, erkenne ich, dass es eine kleine Gruppe ist, sechs Ausgewachsene und ein Baby. Das Boot macht sie neugierig, und sie kommen herbei, um es sich anzusehen. Aber als wir ins Wasser steigen, verschwinden sie.

Den Rest des Tages über denke ich nicht mehr an die Kristallpyramide, während wir an der Inselküste entlangsegeln. Wir sehen an diesem

Tag keine weiteren Delfine mehr, also genieße ich das Schnorcheln in den Riffen. Es ist ein wunderschöner, entspannender erster Tag. Nach meiner Rückkehr an die Küste esse ich ein großes, köstliches, würziges karibisches Gericht und gehe früh zu Bett.

In dieser Nacht träume ich. Ich bin mit einer Gruppe von Menschen zusammen, wir diskutieren über etwas. Die anderen begleiten mich in einen Raum, in dem man mir zwei Stäbe gibt. Sie sehen aus, als seien sie aus blauen Saphiren hergestellt worden.

In jeder Hand einen Kristallstab, setze ich mich im Schneidersitz auf den Boden. Ich schließe meine Augen und sehe andere Menschen in anderen Räumen sitzen, in derselben Haltung wie ich, alle mit Kristallstäben in unterschiedlichen Farben in den Händen – Smaragdgrün, Rubinrot, Diamantweiß.

Wir kommunizieren telepathisch. Dann gibt einer der Menschen in meiner Gruppe ein Zeichen, und wir halten die Stäbe gekreuzt über unsere Köpfe und konzentrieren uns darauf, die Energie all unserer Kristallstäbe zusammenzuführen. Währenddessen fühle ich einen unglaublich starken Energieschub, der aus dem Universum durch die Stäbe und meinen Körper fließt. Er ist warm, umwerfend schön und strahlend.

Ich wache auf.

Am nächsten Tag beschließe ich, dem Kapitän von meinem Traum in dieser Nacht und meiner Pyramidenvision am Morgen zuvor zu erzählen. Ich weiß, dass er selbst mit Energie arbeitet, und ich vertraue ihm. Wir sind wieder auf seinem Boot unterwegs aufs offene Meer, um die Delfine zu besuchen.

»Honey«, sagt er zu mir in seinem gedehnten Südstaaten-Dialekt, »wir befinden uns hier genau über der Straße nach Atlantis. Direkt unter unserem Boot liegen Steine auf dem Meeresgrund, die von Wissenschaftlern auf ein Alter von 25.000 Jahren datiert wurden. Sie sind die Überreste von Atlantis. Und die kristallenen Lichtpyramiden – ich habe sie auch schon gesehen. Das haben viele.«

Später an diesem Tag schnorcheln wir über der Straße nach Atlantis, und ich sehe die riesigen Steinbrocken, die man durch ihren Belag aus

Algen und Korallen hindurch erkennen kann. Ich begreife, dass mein Traum in dieser Nacht in Wahrheit eine Erinnerung an ein Leben in Atlantis war. Wir haben tatsächlich mit Kristallen Energiefelder errichtet.

Wenn ich Seminare zum Thema Familie und Vorfahren anbiete, berücksichtige ich dabei immer auch Spirit-Linien aus vorhergegangenen Inkarnationen. Dafür erstellen wir Kategorien wie Engel, Sternenwesen, Tiere, Zauberer, Schamanen und so weiter. Jeder Kategorie wird ein bestimmter Teil des Raumes zugeordnet, den wir mit einem Gegenstand kennzeichnen. Dann gehen die Teilnehmer von einer Position zur nächsten, als drehten sie den Empfänger eines Radios von einem Sender zum nächsten. So können sie herausfinden, ob sie sich auf eine dieser Positionen einstellen.

Interessant ist, dass sich die Teilnehmer immer relativ gleichmäßig auf die verschiedenen Positionen verteilen. Das Universum weiß, wie es sich selbst im Gleichgewicht hält. Das bestätigt meine innere Überzeugung, dass das Universum Vielfalt und Abwechslung will. Wir sollen unterschiedlich sein.

Da ist die Quelle – das Zentrum von allem. Doch dieses Zentrum ist kein eigentlicher geografischer Ort. Vielmehr wohnt es jedem Bestandteil des Universums inne: jedem Atom, jeder Person, jedem Geschöpf, jeder Entität; jeder Pflanze und jedem Mineral. Sie alle sind Funken, die dieser Quelle entsprungen sind. Und obwohl wir alle unterschiedlich sind, kommen wir tatsächlich von Eincm.

In meinen Workshops findet jeder seinen Platz. Manche Teilnehmer schwanken zwischen zwei Positionen und entscheiden sich schließlich für diejenige, auf der sie die stärkste und vertrauteste Verbindung spüren. Dann bitte ich die Teilnehmer, ihre Erfahrungen, Gefühle und Erinnerungen mit uns zu teilen. Viele haben Tränen in den Augen oder weinen, während sie sprechen, so tiefgehend ist ihr Gefühl, zu Hause zu sein, so stark sind die Erinnerungen, die wieder an die Oberfläche kommen.

In einem meiner Workshops hat sich ein Mann für die Position der Sternenwesen entschieden. Er hat noch nicht gesprochen, steht einfach ganz ruhig da, Tränen rinnen seine Wangen hinab. Er ist in den Workshop gekommen, um seine Frau dabei zu unterstützen, ihr Verhältnis zu ihren Eltern und Vorfahren in diesem Leben ins Gleichgewicht zu bringen. Ich frage ihn, warum er weint. »Mir ist gerade klar geworden«, sagt er, während die Tränen weiterfließen, »dass ich noch nicht oft auf der Erde gewesen bin. Ich glaube, es ist mein erstes Mal.«

Wir spüren seine Traurigkeit darüber, hier fremd zu sein, zu erfahren, wie seltsam und hart das Leben auf der Erde im Vergleich zu seinem alten Zuhause zwischen den Sternen ist. Wir schweigen und geben ihm Raum, loszulassen und sich zu erinnern.

Nachdem er geweint hat, glühen seine Augen vor neugewonnener Kraft und Energie. Er erzählt der Gruppe, dass er nun weiß, dass er hier ist, um für das Wohl des Planeten zu arbeiten. Er sagt: »Ich soll hier sein, und jetzt erinnere ich mich auch, warum.« Später erzählt mir seine Frau, dass sie ihren Mann selten hat weinen sehen und niemals zuvor so lang und heftig.

Oft ist es berührend, bewegend und ermutigend, eine Verbindung zu seinen Vorfahren aus vergangenen Leben zu finden. Es öffnet auch die Verbindung zu dem alten Wissen, das man in sich trägt. Öffnet man diese Tür wieder, ist es so, als habe man einen Schalter umgelegt. Man weiß Dinge, weil man sie bereits gelernt hat, man muss sie sich nicht wieder ganz von vorne aneignen – man muss sich nur an sie erinnern und sie aktivieren. Es ist die Seele, die sich erinnert.

Außerdem ist man auf diese Weise mit seiner alten Ursprungsfamilie verbunden. Dadurch öffnet man sich für all die Unterstützung und Kraft, die sie zu geben hat.

Ich selbst mache diese Art von Erfahrung, als ich lerne, wie man Schwitzhütten-Zeremonien durchführt. Eine Schwitzhütte ist eine Heilungs- und Gebetszeremonie in der freien Natur, bei der Hitze zur Reinigung genutzt wird. Von Anfang an ist mir alles sehr vertraut, es fällt mir leicht, die Handgriffe und Abläufe zu lernen und zu verstehen. Das hier habe ich früher schon einmal gemacht. Jetzt, in diesem Leben, werde ich von meinen Lehrern initiiert und erhalte die Erlaubnis, selbst Zeremonien durchzuführen.

Seitdem habe ich jedes Mal, wenn ich in einer Schwitzhütte sitze, Gebete spreche, Wasser auf die heißen Steine gieße und Kräuter verbrenne, das Gefühl, als würde eine höhere Energie durch mich fließen und sprechen. Manchmal bin ich selbst erstaunt über die weisen Worte, die aus meinem Mund kommen. Ich bin mir sicher, dass ich vorher nicht über sie nachgedacht habe, aber trotzdem sind sie da, zusammenhängend und heilend. Das liegt daran, dass ich in einer direkten Abstammungslinie natürlichen Wissens stehe. Ich bin mit denen verbunden, die vor mir diesen Weg gegangen sind; ich habe eine Verbindung zu zehntausenden Jahren von Wissen und Traditionen, die von Generation zu Generation weitergegeben wurden.

10

Ahnen –
Sieben Generationen

Das Konzept der sieben Generationen taucht in vielen ursprünglichen Kulturen auf. Der Grundgedanke besteht darin, dass die Handlungen unserer Vorfahren bis zur siebten Generation vor uns Einfluss auf unser Leben haben – sowohl in positiver als auch in negativer Hinsicht. Aktuelle Ergebnisse aus der Zellularforschung bestätigen dieses alte Wissen. In unserem Zellgedächtnis werden Informationen über Verhalten, Emotionen und körperliche Aspekte gespeichert und in unserer DNS-Struktur weitergegeben.

Verantwortung für die siebte Generation zu übernehmen, heißt Verantwortung für unsere jetzigen Handlungen zu tragen. Unsere Taten haben sehr langfristige Auswirkungen. Ehe Sie eine wichtige Entscheidung treffen, sollten Sie sich also fragen, was für Konsequenzen diese für die siebte Generation Ihrer Nachfahren haben wird. Denken Sie darüber nach, was für eine Welt Sie ihnen hinterlassen.

Bitten Sie die Zukunft, vor Ihrem inneren Auge zu erscheinen. So können Sie herausfinden, ob Ihre Entscheidung Gutes oder Schlechtes für die Menschen bedeutet, die nach Ihnen kommen. Verursachen Sie kein unnötiges Leid.

Diese Vorgehensweise bezeichnet man auch als »seine Fußspuren aufräumen«, ein weiterer wunderbarer Gedanke, den mir das schamanische Wissen eröffnet hat. Tun Sie jeden Ihrer Schritte unter Berücksichtigung der Erde unter Ihren Füßen. Obwohl die Erde stark und unfassbar wandlungsfähig ist – sie kann viel Negatives aufnehmen und es in etwas Neues, Positives verwandeln –, hat auch sie ihre Grenzen.

Was immer sie hinterlassen haben, nehmen Sie es wieder an sich und entsorgen Sie es selbst. Das gilt nicht nur für physische, sondern auch für emotionale Aspekte. Kümmern Sie sich um ihren emotionalen Müll, übernehmen Sie Verantwortung für ihn. Laden Sie ihn nicht bei Ihren Kinder, Enkeln oder späteren Generationen ab.

Entsprechend kann sich das, worum sich die Generationen vor Ihnen nicht gekümmert haben, auch auf Sie niederschlagen. Einige schamanische Techniken, beispielsweise das hawaiianische *ho'oponopono* oder die Arbeit mit Ahnenlinien in Afrika, dienen dazu, solche Überreste freizulegen und zu heilen. Ich biete diese Art von Reinigungsarbeit in meinen Familien- und Ahnenkursen, aber auch in Einzelsitzungen an.

Selbst die Wirksamkeit dieser alten Techniken wird von aktuellen Ergebnissen der Zellularforschung auf dem Gebiet genetischer Krankheiten gestützt. Die Ergebnisse zeigen, dass Zellen von der Umwelt beeinflusst und negative Informationen entfernt werden können.

Ahnen spielen in allen indigenen Kulturen eine zentrale, wichtige Rolle. All diese Völker sind sich dessen bewusst, dass verstorbene Familienmitglieder nicht plötzlich weg sind. Das Leben hört nicht einfach auf, wenn man stirbt. Jeder einzelne Ahne hat auch nach seinem Tod noch Einfluss auf den gesamten Clan. Wenn sich alles im Gleichgewicht befindet und wir unsere Vorfahren ehren, dann geht eine große Kraft von der Abstammungslinie aus. Das Potenzial in unseren Genen kann sich so voll entfalten.

Ihr, die Ihr vor mir gelebt habt – ich ehre Euch – Ihr habt den Weg für mich geebnet. Dieses Verständnis schenkt uns

Lebenskraft. Das ist der Grund dafür, dass den Clanlinien und -geschichten, Namen und Mythen so viel Bedeutung beigemessen wird.

Frieden mit seinen Eltern und Vorfahren zu schließen ist für die meisten Menschen eine der größten Herausforderungen überhaupt und ein Bereich, in dem sie viel lernen können. Ohne unsere Eltern wäre keiner von uns am Leben – ganz unabhängig davon, ob sie sich liebevoll um uns kümmern oder nicht. Ihr Geschenk an uns ist das Leben. Alles, was sie uns darüber hinaus geben, ist eine Art Bonus.

Wenn wir versuchen, eine Verbindung zu unseren Eltern herzustellen, dann suchen wir in Wahrheit nach einer Verbindung zur Quelle. In ihrer Essenz sind Mutter und Vater Repräsentanten der Mächte, die dafür sorgen, dass sich das Leben auf unserem Planeten Erde reproduziert, dass es gedeiht und weiterexistiert. Sie stehen für das männliche und das weibliche Prinzip, für Yin und Yang.

Diese Einsicht hilft uns dabei, die hohen Erwartungen und Forderungen abzulegen, die wir manchmal an unsere Eltern richten: dass sie die Quelle aller Weisheit, Stärke und Liebe sein sollten. So können wir begreifen, dass unsere Eltern und Vorfahren nicht die Quelle, nicht Gott sind – sondern nur Menschen, die ihr Bestes geben, so wie jeder auf diesem Planeten.

Indem wir sie auf diese Weise ehren, werden sie für uns zu einem wichtigen Zugang zu dem großen Mysterium des Lebens. Und wir suchen die Quelle von allem, was ist, weil sie unser eigentliches Zuhause ist – der Ort, von dem wir kommen, bevor wir geboren werden, und an den wir zurückkehren, wenn wir sterben.

Tod und Wiedergeburt

Mein Herz rast. Ich spüre, wie ich innerlich zusammenbreche – mein Kreislauf, meine Atemwege. »Bitte, Gott, nimm mich noch nicht jetzt. Es tut mir leid.«

In den letzten zwei Monaten in Indien bin ich schlecht mit meinem Körper umgegangen, habe ihn an seine Grenzen getrieben. Habe seine Zeichen von Ruhebedürfnis ignoriert, obwohl ich krank war. Durchgängiger Durchfall, großer Gewichtsverlust. Wegen der Dehydration habe ich zeitweise sogar mein Gehör verloren. Aber ich kann noch immer nicht aufhören. Ich bin getrieben, außer mir.

Ich mache nirgendwo eine längere Rast, ich muss weiter. Ich reise durch den gesamten Subkontinent, bleibe nirgendwo länger als ein paar Tage. Endlose Stunden in Bussen und Zügen, unzählige Tempel, Landschaften, Dörfer, Städte, Gesichter, Farben, Gerüche ziehen an mir vorbei. Bei meiner ersten Reise nach Indien komme ich niemals wirklich dort an.

Ich reise weiter nach Thailand. Ich will eine Meditationsklausur in einem buddhistischen Kloster besuchen, lernen, wie man meditiert, und meinen Geist beruhigen. Anstatt ein Taxi zu nehmen, beschließe ich, mit meinem schweren Rucksack zu laufen, nachdem ich mit dem Nachtzug aus Bangkok angereist bin. Ich bilde mir ein, dass mir das helfen wird, meine Ruhelosigkeit zu lindern.

Es ist Mittagszeit, brennende Hitze. Ich trage keinen Hut. Ich fühle mich immer benommener und schaffe es kaum mehr, mir ein Zimmer in einem Gasthaus am Straßenrand zu suchen. Ich setzte meinen Rucksack ab, gehe auf den Balkon auf der Hinterseite meines Zimmers, um hinauszusehen – und kollabiere.

Mein Herz rast zu schnell. Ich liege auf dem Rücken, starre in den Himmel. Plötzlich ist er nicht mehr blau, sondern sehr hell, ein sehr intensives Licht. Das stärkste Licht, das ich jemals gesehen habe.

Ich weiß sofort, dass es nicht aus unserer irdischen Dimension stammt; ich weiß, dass es das Licht ist, das in die andere Welt führt.

Ich wimmere, mir wird klar, wie ernst meine Lage wirklich ist. Ich bin allein, es ist niemand da, der mir helfen könnte. Meine Wasserflasche ist im Zimmer, aber ich kann mich nicht vom Balkon wegbewegen, um sie zu holen. Die Balkone neben meinem sind leer, und ich bin zu schwach, um laut um Hilfe zu rufen. Ich starre in das Licht und spüre, wie ich selbst – Teile meiner Essenz – davon angezogen werden.

Instinktiv weiß ich, dass dahinter der Tunnel zur anderen Welt beginnt, obwohl ich ihn nicht sehen kann. Ich will nicht dorthin.

»Ich verspreche, dass ich von jetzt an auf mich aufpassen werde«, flehe ich Gott an. Es kommt keine Antwort. Da sind keine Engel, nichts. Ich bin allein mit dem Licht. Es ist so machtvoll. Ich habe niemals etwas Ähnliches erlebt. Es ist wunderschön in seiner Pracht – aber mir graut vor ihm. Ich bin noch nicht bereit zu gehen; ich bin noch zu jung.

Ich spüre, wie ich mich darauf zubewege – dann wieder zurückweiche. Dann wieder darauf zu – und zurück, wie ein Jojo. Ich muss all meine Willenskraft aufbringen, um hierzubleiben. Ich weiß, wenn ich mir jetzt erlaube, ohnmächtig zu werden, bin ich weg. Das wäre es dann gewesen.

Mir wird klar, wie viel mein Leben mir wert ist. Wie wertvoll es ist, wie schön und wunderbar. Es ist das erste Mal, dass ich so empfinde. Ich sehe die Unausweichlichkeit des Todes; ich sehe, dass es im Leben nur darum geht, alles voll auszuschöpfen.

Wenn wir jung sind, denken wir, dass wir ewig leben. Doch an irgendeinem Punkt unseres Lebens begreifen wir, dass das nicht der Fall ist. Wir kommen zu der Erkenntnis, dass unsere Existenz in diesem Leben endlich ist.

Mein Kampf dauert den gesamten Nachmittag an. Ich sehe das gleißende Licht, den Eingang zur anderen Welt über mir. Ich bewege mich darauf zu, sehe mich selbst von oben auf dem Balkon liegen, bewege mich wieder zurück.

Stunden später verblasst das leuchtende Licht schließlich, und der blaue Himmel kehrt zurück. Ich schaffe es, in mein Zimmer zu kriechen und aus meiner Wasserflasche zu trinken. Ich finde Elektrolyte in meinem Rucksack und trinke auch sie. Ich schlafe ein.

Am nächsten Morgen nehme ich ein Taxi zum nächsten Krankenhaus. Die Untersuchungen ergeben, dass ich an Dehydrierung leide, die durch den dauerhaften, zweimonatigen unbehandelten Durchfall verursacht wurde. Hervorgerufen wurde er durch Amöben in meinem Darm. Von der langen Wanderung am Vortag habe ich einen Sonnenstich. Und zu allem Überfluss: Denguefieber, ein malariaartiges Fieber, das durch Moskitos übertragen wird.

»Sie haben Glück«, sagt der freundliche Arzt. »Keine dieser Krankheiten ist für sich genommen tödlich – aber zusammen hätten sie es in dieser Kombination durchaus sein können.« Ich sehe ihn an. »Sie meinen, ich hätte gestern sterben können?«

Er nickt. »Sie müssen einen guten Schutzengel haben, der dafür gesorgt hat, dass Sie jetzt hier sind.«

Sie behalten mich einige Tage lang im Krankenhaus, ich hänge am Tropf, bis das Denguefieber abklingt und ich etwas zugenommen habe. Dann empfiehlt mir der Arzt, noch nicht zu der Meditationsklausur zu fahren. Stattdessen soll ich mir auf einer der nahe gelegenen Inseln einen netten Ferienort suchen und dort einige Wochen ausruhen und essen.

Ich folge seinem Rat. Ich weiß, dass mein Erlebnis eine Warnung war – und ein weiterer Moment des Öffnens.

Rückführungen – Erinnerungen an vergangene Leben

Mein Bungalow ist schön und liegt direkt am Strand, er hat eine kleine Veranda, die auf den Ozean hinausgeht. Das Essen in dem Hotel ist köstlich, die Menschen sind höflich, freundlich und nett. Langsam kehre ich wieder ins Leben zurück. Eine Britin bietet in einem abgeschirmten Strandbereich Yogastunden an, die ich gelegentlich besuche.

Ich schlafe gut, schwimme viel im Meer und gehe am Strand spazieren. Ich lese Bücher und hänge mit anderen Reisenden herum.

Ich frage mich, wie ich so sehr die Kontrolle verlieren konnte, dass ich nicht früher bemerkt habe, wie krank ich war. Normalerweise spüre ich die Signale meines Körpers und lebe gesund, esse ausgewogen und treibe regelmäßig Sport. Ich hatte keine Ahnung. Ich hätte sterben können. Und: Ich sah den Eingang zur anderen Seite – das war wirklich knapp.

Eines Abends, ich sitze mit der britischen Yogalehrerin und einigen ihrer anderen Schüler beim Abendessen zusammen und wir schwärmen über das Essen, erzähle ich ihr, wie krank ich war, ehe ich hierherkam. Dana nickt und sagt, dass sie mich bei meiner Anreise gesehen hat. »Du hast ausgesehen, als wäre dir ein Gespenst über den Weg gelaufen.«

Ihre Beobachtung war absolut richtig, und deswegen erzähle ich ihr, was geschehen ist, wie rastlos ich in Indien war. Davor, in Bhutan und Nepal, war ich absolut entspannt. Aber aus irgendeinem Grund ging es in Indien steil bergab mit mir.

Sie sagt, dass sie eine Trancesitzung mit mir machen könnte, um die Ursache meiner Krankheit herauszufinden. Dazu würde sie mich in einen tiefenentspannten Zustand versetzen. Dann könnten meine innere Stimme und mein inneres Wissen die Antwort liefern.

Ich vertraue Dana und spüre, dass mir das hier helfen könnte; dass es einen Versuch wert ist. Also liege ich ein paar Tage später in ihrem Bungalow auf einer Matte. Dana erklärt mir, ich solle den Wellen lauschen, die draußen sanft gegen den Strand plätschern. Sie sagt, dass ich meine Seele fragen soll, warum ich so krank geworden bin, dass ich fast gestorben wäre. Dana zählt rückwärts, und ich fühle mich vollkommen entspannt.

Ich spüre, wie ich laufe, einfach nur laufe. Als ich auf meine Füße hinabsehe, stelle ich fest, dass ich barfuß bin. Ich bin ein Teenager, mein Herz pocht wie verrückt. Ich bin unglücklich. Mein Herz schmerzt.

»Warum bist du unglücklich?«, fragt Dana.

Ich weiß sofort, warum. »Weil ich nicht mehr mit dem Mädchen zusammen sein kann, das ich liebe. Sie gehört einer höheren Kaste an als ich.«

Ich sehe ihr Gesicht. Es ist wunderschön. Wir kennen einander seit unserer Kindheit. Meine Eltern arbeiten auf dem Anwesen ihrer Familie. Es befindet sich in Indien.

»Was geschieht dann?«, höre ich die Stimme meiner Yogalehrerin.

Ich sehe, wie ich vom Land ihrer Familie vertrieben und als Teenager davongejagt werde. Jeder weiß, wie sehr das Mädchen und ich einander lieben. Das ist der Grund dafür, dass ich davongejagt werde. Deswegen laufe ich weg.

Ich lande in einer anderen Stadt, es gelingt mir, dort ein neues Auskommen zu finden, schließlich heirate ich sogar und habe Kinder. Aber ich vergesse meine Jugendliebe niemals; ich komme nie über sie hinweg.

Viele Jahre später kehre ich zu dem Anwesen zurück, um meine Eltern zu besuchen – sie leben noch immer dort und sind mittlerweile alt –, aber sie ist fort. Sie ist jetzt selbst verheiratet, irgendwo anders, mit jemandem, der ihrer Kaste angemessen ist.

Aus weiter Ferne höre ich die Stimme meiner Yogalehrerin. »Was hat das damit zu tun, dass du krank geworden und beinahe gestorben bist?«

Ich erinnere mich daran, mich getrieben, außer mir gefühlt zu haben, dass ich niemals zur Ruhe kommen konnte. »Die Wunde, die entstand, weil ich nicht mit ihr zusammen sein konnte und vertrieben wurde, ist niemals geheilt«, antworte ich.

Plötzlich wird alles kristallklar: Das Reisen durch Indien hat diese alten Erinnerungen in meiner Seele hochgebracht, den alten Schmerz und die immense Trauer, für die es niemals Heilung gab. »Ich hatte niemals die Chance, ihr auf Wiedersehen zu sagen«, erkläre ich. Tränen laufen mir die Wangen hinab, ich bin überrascht über die Intensität meiner Gefühle. »Wir haben als Kinder miteinander gespielt und einander versprochen, dass wir eines Tages heiraten.« Ich weine lange Zeit; Tränen, die ich mir damals nicht erlaubt habe zu weinen, in jenem vergangenen Leben.

Als keine Tränen mehr kommen, sagt meine Yogalehrerin sanft: »Du kannst ihr jetzt auf Wiedersehen sagen.« Sie bittet mich, meine Jugendliebe zu rufen, und ich sehe, wie ihr Gesicht erscheint. Jetzt begreife ich, dass auch sie sehr traurig und schockiert darüber war, dass ich fortgejagt wurde. Ich merke, wie froh sie ist, mich zu sehen. Wir umarmen einander für eine lange, lange Zeit. Unsere Umarmung ist heilsam, sie ermöglicht es der Liebe, die damals verboten war, zu fließen und zu zirkulieren.

Wieder fühle ich den tiefen und intensiven Schmerz. Tiefe Liebe, die nicht gelebt, erfahren, erfüllt werden kann – das ist einer der größten Schmerzen, die es gibt. »Deswegen konnte ich in Indien nicht zur Ruhe kommen, deswegen war ich so außer mir; weil der Schmerz zu viel war, um ihn ertragen zu können. Also bin ich weitergelaufen und habe nicht einmal gemerkt, dass ich ernsthaft krank wurde.«

Jetzt, mit der Hilfe meiner Yogalehrerin, kann ich endlich Frieden damit schließen, dass ich meine Gefühle für meine Jugendliebe nicht ausleben durfte.

In den Tagen nach dieser Rückführung fühle ich den alten Schmerz, den ich oft in meinem Herzen hatte, ohne jemals zu wissen, warum, langsam weichen. Ich zünde eine Kerze an und führe eine Zeremonie durch, um diese vergangene Erfahrung endgültig vergehen zu lassen, mache meinen Frieden damit. Lasse sie los, damit ich jetzt, in diesem Leben, voll lieben und leben kann.

Für mich ist das der Hauptgrund, aus dem ich Rückführungsarbeit leiste. Sie hilft, Frieden mit der Vergangenheit zu schließen, ganz gleich, was passiert ist. Sie zu akzeptieren, wie sie ist, und anderen und sich selbst zu vergeben.

In der Rückführungsarbeit betreten sowohl der Heiler als auch der Klient die Matrix, die unsichtbare Welt, um dort zu arbeiten. Die Erinnerungen des Kunden und die Visionen des Heilers von vergangenen Leben mögen wahr sein oder auch nicht, mögen wirkliche Erinnerungen oder nur bildliche Übersetzungen kollektiver Ereignisse sein, die wir als menschliche Individuen angezapft haben. Das spielt keine Rolle. Die Rückführungsarbeit hat Auswirkungen auf den gesamten Körper des Klienten, auf die Biochemie, das Gehirn und die energetische Struktur. Sie führt eine Besserung herbei; das ist es, was zählt.

Der Film *Matrix* hat die alte Weisheit schamanischer Heilung angezapft – auch dort reisen die Protagonisten in die Matrix, um den Verlauf der Ereignisse in Vergangenheit, Gegenwart und Zukunft zu verändern. Zeit und Raum existieren nicht. Manche Rückführungen führen sogar in die Zukunft, von wo aus sie helfen, destruktive Muster umzuwandeln. Das Potenzial für alles ist immer da.

Ich bleibe noch ein paar Wochen lang in dem Hotel und reise dann weiter in das Kloster, um an der buddhistischen Meditationsklausur teilzunehmen. Sie dauert zwei Wochen und findet in absoluter Stille statt. In endlosen Stunden der Sitz- und Laufmeditation lernen wir viel über den Buddhismus.

Hier lasse ich mit den Techniken, die man mir beibringt, meine Gedanken wie Wolken vorüberziehen. Langsam verlasse ich das Räderwerk des Geistes und trete in eine neue Art des Seins ein, reine Anwesenheit. Sitzen und beobachten – unabhängig davon, ob das, was ich beobachte, erfreulich ist oder nicht –, ohne sofort zu reagieren. Sein.

Ich habe Zeit, darüber zu reflektieren, was in diesen letzten paar Wochen und Monaten geschehen ist. Ich bin mir nicht sicher, ob ich wirklich einmal in Indien gelebt habe – auch wenn es sich sehr real anfühlt. Ich frage mich, ob ich bei der Rückführung irgendeine Art von Kollektivgedächtnis angezapft habe. Aber selbst wenn das der Fall ist, zeigt es nur, dass tatsächlich alles mit allem verbunden ist.

Einer unserer Lehrer, ein thailändischer buddhistischer Mönch, redet vom Zirkel des Lebens, des Todes und der Wiedergeburt, den wir so lange wiederholen, bis wir erleuchtet sind. Für ihn und im ganzen Buddhismus sind vergangene Leben eine ganz normale Vorstellung.

Während unserer Schweigeklausur dürfen wir die Mönche befragen, also entschließe ich mich, diesen spezifischen Mönch um ein Einzelgespräch zu bitten, um ihm von meiner Erfahrung zu erzählen und ihn zu fragen, was er davon hält. Es ist eine kurze Unterhaltung – er hält sie absichtlich knapp, damit wir nicht vom Prozess der Stille abgelenkt werden.

Ich erzähle ihm von meiner Rückführung in ein vergangenes Leben und frage ihn, ob all das wirklich wahr sein könne. Seine Antwort ist kristallklar: »Auf jeden Fall. Aber es ist nicht im Jetzt, es ist nicht wichtig. Lass diese Geschichte los, lass deine Bindung an dieses Mädchen los; solche Dinge sind es, die Leiden verursachen. Alles vergeht. Es gibt nur die Gegenwart, die schon im nächsten Moment ein neuer Moment ist. Das ist Glück.«

Ich bin erfreut über seine Antwort und noch erfreuter, dass ich sie tatsächlich verstehe. Aber ich habe jetzt andere Fragen: Wenn es wirklich Reinkarnationen gibt, woher kommen wir dann, wenn wir geboren werden? Wohin gehen wir, wenn wir sterben, und was sind wir dann? Wie genau funktioniert diese ganze Sache mit der Geburt und der Wiedergeburt?

Bardo Thödol –
Das Tibetische
Totenbuch

Verschiedene Religionen und ein Drittel aller Menschen auf diesem Planeten glauben offiziell an die Reinkarnation. Das bedeutet nicht automatisch, dass ein Leben nach dem Tod existiert. Ihr Glaube könnte auch eine Flucht vor dem Elend ihrer Realität sein. Aber die Möglichkeit besteht.

Viele Menschen im Westen stehen dem Gedanken einer Weiterexistenz nach dem Tod skeptisch gegenüber. Entweder glauben sie nicht daran, oder sie halten die Vorstellung für absoluten Unsinn, weil es keinen Beweis gibt. Letzteres ist gleichzeitig wahr und falsch.

Es gibt eine ganze Reihe von wissenschaftlichen Berichten und Büchern über klinisch tote Menschen, die nach einem Unfall oder einer Operation wieder ins Leben zurückkehrten und über ihre Erfahrungen berichten können. Doch wiederbelebte Menschen durchleben nur einen kleinen Teil von dem, was nach dem Tod kommt, weil sie wieder in ihren Körper gelangen. Sie können die Erfahrung nach dem klinischen Tod beschreiben – aber nicht die vollständige Loslösung des ätherischen Körpers oder des Seelenbewusstseins von der Physis. Das lässt die Frage aufkommen, ob eine vom Körper getrennte Seele tatsächlich existiert – oder ob Bewusstsein und Seele ebenfalls sterben, wenn unser Körper stirbt.

Fast alle Menschen, die einmal klinisch tot waren und wiederbelebt wurden, sprechen von einem intensiven Licht. Sie beschreiben es als blendendes Licht von unbeschreiblicher Helligkeit.

Als ich kurz nach der Beendigung meiner ersten buddhistischen Meditationsklausur zum ersten Mal derartige Berichte lese, begreife ich, dass ich bei meiner Nahtoderfahrung genau diese Art von Licht gesehen habe. Doch der Unterschied zwischen meiner Erfahrung und der von Menschen, die klinisch tot waren, liegt darin, dass sie *in* dem Licht waren – während ich selbst es nur aus der Entfernung gesehen und gespürt habe, wie Teile von mir davon angezogen wurden.

Als Nächstes lese ich Übersetzungen und Interpretationen des Bardo Thödol, das auch als das Tibetische Totenbuch bezeichnet wird. Dieses alte Buch der Weisheiten handelt vom Tod, dem Sterbeprozess, dem Leben nach dem Tod und der Wiedergeburt. Es gilt als die detaillierteste Studie, die jemals eine Kultur zu diesen Themen hervorgebracht hat. Während die westliche Kultur Reflexionen über die Unausweichlichkeit des Todes fürchtet und meidet, ist in der tibetischen Kultur das genaue Gegenteil der Fall: Dort dienen sie als Weg zu einem glücklicheren und erfüllteren Leben im Angesicht des Unausweichlichen – des Todes.

Das Bardo Thödol besteht nicht aus Geschichten oder Gedanken, sondern bietet Einsichten in den Tod, die aus der Beobachtung von Naturgesetzen gewonnen wurden. Tibet weist ein trockenes und kaltes Klima auf, in dem Leichen langsam verfallen, weshalb sie genau und im Detail beobachtet werden konnten. Tibetische Mönche und Heiler studierten nicht nur den Körper, sondern auch die Atmung von Sterbenden und kombinierten diese Beobachtungen mit ihrem alten Wissen über die Nutzung der Atmung zur Steuerung verschiedener Bewusstseinsarten und -ebenen beim Meditieren. So konnten sie die Zeichen und Ebenen des Todes und die Ablösung des Seelenbewusstseins von der Physis sehr genau beschreiben.

Darüber hinaus verbanden die Autoren des Bardo Thödol das Wissen ihrer Kultur über das Leben und das Universum, Meditation, spirituelle Erweckung und Erleuchtung mit ihren Beobachtungen des Sterbeprozesses.

Der tibetische Buddhismus hat sein schamanisches Naturwissen niemals abgelehnt, ganz im Gegensatz zur westlichen Kirche, die es als Teufelswerk verdammte. Stattdessen wurde das alte Wissen integriert. Im tibetischen Glaubenssystem ist alles auch geistiger Natur – jeder Mensch, Baum, Stein, Planet, Stern, jedes Tier. Auch Sie sind eine Seele, die eine menschliche Erfahrung macht. Ihr menschlicher Teil ist ein Teil Ihres Seins, aber nicht Ihr ganzes Sein.

Für die Tibeter ist die Seele im Kern Licht, was sie in ihrer Kunst häufig darstellen. Sie wussten schon die ganze Zeit über, was Albert Einstein im zwanzigsten Jahrhundert entdeckt hat: dass alle Materie gleich Energie ist und dass Energie in ihrem kleinsten bekannten Partikel Licht ist. Feste Masse existiert nicht, weil alles in seinem kleinsten Teil pulsierende Energie, pulsierendes Licht ist. Dieses Licht und diese Energie verschwinden niemals. Im Universum geht nichts jemals verloren, nichts verdirbt.

Laut dem tibetischem Buddhismus kann die geistige Natur, die hinter allen Dingen liegt, auch erfahren werden, indem man während seines Lebens spirituelle Erkenntnis erlangt. Das Interessante daran ist, dass die spirituellen Erfahrungen der Erleuchtung in allen Kulturen als ein spontan erscheinendes, überirdisches Licht beschrieben werden – genau wie das, das Menschen beschreiben, die klinisch tot waren oder eine Nahtoderfahrung gemacht haben.

Aus alldem haben die Tibeter geschlossen, dass sich während des Sterbeprozesses das Seelenbewusstsein einer Person von ihrem Körper trennt. Meist geschieht das nicht abrupt, außer bei plötzlichen Unglücken und Todesfällen. Vielmehr vollzieht sich die Trennung allmählich über Tage und Wochen hinweg, was im

Bardo Thödol ebenfalls mit großem Detailreichtum beschrieben wird. Der ätherische Körper bewegt sich vom physischen Körper fort, dann wird er wie ein Jojo wieder zurückgezogen, nur um sich gleich darauf wieder fortzubewegen.

Das beschreibt genau den Prozess, den ich an diesem besonderen Nachmittag durchlebe, an dem ich fühle, wie ich mich auf das Licht zubewege, dann wieder zurückkomme, mich wieder darauf zubewege – wieder und wieder.

Weil die Phänomene, die ich erlebt habe, im Bardo Thödol alle akkurat beschrieben werden, muss ich sagen, dass ich es heute für möglich halte, dass es wirklich eine Art Fortbestehen nach dem Tod gibt. Selbst wenn es vielleicht ganz anders aussieht, als wir es uns vorstellen können.

Ich bin Skeptikerin und glaube an das, was Buddha gesagt hat: »Glaube nicht, was ich sage, finde es durch deine eigene Erfahrung heraus.« Aber wenn es einmal so weit ist, möchte ich gern voller Frieden und bei möglichst klarem Verstand und Bewusstsein in den Prozess des Sterbens eintreten, um dann das größte Abenteuer des Lebens zu erfahren – das Sterben. Wenn sich herausstellen sollte, dass das Seelenbewusstsein in keiner Weise fortbesteht, spielt es sowieso keine Rolle. Auch diese Möglichkeit schließe ich nicht aus. Aber wenn es ein Fortbestehen gibt – dann bin ich vorbereitet.

Es muss eine unbeschreibliche Erhabenheit und Gnade bedeuten, friedlich zu sterben, ganz bewusst und voller Dank, weil man sein Leben voll ausgekostet hat – alles, was geschehen ist, anzunehmen, mitsamt aller Erfahrungen.

Das Bardo Thödol empfiehlt auch, dem Sterbenden und später Toten einen erfahrenen, lebenden Helfer zur Seite zu stellen. Da in der buddhistischen Weltsicht alles miteinander verbunden ist und man mit allen Reichen kommunizieren kann, unterstützt dieser Helfer den gerade Verstorbenen ganz buchstäblich bei seiner Reise in das andere Reich und lenkt ihn auf den richtigen Weg, so dass er sich nicht verläuft oder herumirrt, wie es verwirrten Geistern manchmal passiert. Die Tibeter praktizieren diese Hilfestellung für die Geistseelen der Verstorbenen bis heute.

Eines Tages möchte ich es ihnen gern gleichtun.

Das Bardo Thödol erklärt, dass nach dem physischen Tod das Seelenbewusstsein aus dem Körper weicht. Es befindet sich dann in einem Zwischenzustand, der auf Tibetisch als *Bardo* bezeichnet wird, bis es Erleuchtung erlangt oder reinkarniert wird.

Es gibt verschiedene Arten von *Bardo*. Manche sind angsteinflößend oder verwirrend und bringen ungelöste Probleme aus dem letzten Leben der Person an die Oberfläche. Deswegen ist es gut, einen Helfer bei sich zu haben, der die Toten durch die Bardos geleitet.

Das Bardo Thödol beschreibt, dass es dreizehn Tage dauert, diesen Zwischenzustand zu überwinden. Doch es ist unklar, ob es sich dabei um eine genaue Zahlenabgabe handelt, oder ob die Dreizehn nur ein Symbol dafür sein soll, dass die Geistseele der verstorbenen Person in den zwei Wochen nach ihrem Tod am hilfsbedürftigsten ist.

Auch in unserer Kultur gibt es ein paar Relikte der dreizehn Tage. Die Totenwache war eine ähnliche Tradition. Dort saß man mehrere Tage bis Wochen beim Leichnam und betete für die Seele des Verstorbenen. Heute ist diese Praxis verboten, da sie als unhygienisch gilt und Leichname schnell bestattet werden müssen.

Meiner Ansicht nach spiegelt dies die panische Angst des Westens wider, dem Tod ins Auge zu sehen. Er wird einfach aus der Wahrnehmung verbannt. Der Tod gilt als Einschnitt, mit dem alles endet. In der logischen Konsequenz haben wir eine tiefgehende Angst vor dem Tod entwickelt, die größte Angst, die der Mensch überhaupt empfinden kann.

Doch obwohl wir den Leichnamen der Verstorbenen hier im Westen nicht lange beistehen können, ist es immer noch möglich, auch ohne die Anwesenheit des physischen Körpers eine Totenwache abzuhalten. Denn das Geistbewusstsein hat den Leichnam bereits verlassen, und in der unsichtbaren Welt existieren Zeit und Raum nicht.

Wenn die Angst vor dem Tod verblasst, dann steht uns laut tibetischer Lehre der Weg der Verwandlung offen. Je bewusster wir diesen Prozess akzeptieren, desto leichter fällt es uns, eine neue Perspektive einzunehmen und eine neue Seinsmöglichkeit zu erkennen. Und desto leichter können wir den Körper los- und den transformativen Prozess des Sterbens zulassen.

Das Geistbewusstsein begibt sich dann auf seine Pilgerreise in die Lichtebene, um vollkommene Freiwerdung zu erlangen. Dies ist die Phase zwischen klinischem Tod und der Erleuchtung der Verstorbenen.

Laut Bardo Thödol erhält sie nicht jeder. Aber jeder hat die Chance darauf. Manche kehren in einer neuen Reinkarnation auf die Erde zurück, um weitere Erfahrungen zu sammeln. Andere existieren weiter, um Erfahrungen auf anderen Planeten, Sternen und Ebenen zu machen, von denen wir nichts wissen. Und wieder andere werden erleuchtet und kehren zur Quelle von allem, was ist, zurück.

Interessant ist, dass das Wort »Tod« im Titel des Bardo Thödol überhaupt nicht vorkommt. Der Fokus des Buches liegt darauf, sich von den Illusionen unseres beschränkten und egozentrischen Bewusstseins zu befreien, die uns vom Ganzen, von der Quelle, von der Erleuchtung trennen.

Quantenphysik
über Wiedergeburt

Was ist also dieses Geistbewusstsein, und wo geht es hin? Wie so oft findet die moderne Wissenschaft heraus, was das alte Wissen schon die ganze Zeit über erkannt hat. Die Quantenphysik und eine Reihe anerkannter Physiker wie Amit Goswami, Pim van Lommel und Markolf H. Niemz stützen mit ihren Entdeckungen die Inhalte des Bardo Thödol.

Als Teilbereich der Physik untersucht die Quantenphysik die Interaktionen zwischen Energie und Materie. Quantenphysiker glauben, dass das Bewusstsein – das wir als »Seele« bezeichnen – ein Quantenphänomen unter vielen ist, und nennen es »Quantenbewusstsein«. Laut Quantenphysik braucht ein solches Bewusstsein nicht unbedingt einen physischen Träger wie ein lebendes Gehirn oder einen Körper. Als Welle kann das Bewusstsein unabhängig von einem Körper weiterexistieren.

Man nimmt an, dass das Bewusstsein ein quantenphysikalisches Informationsfeld ist, das vom Gehirn genauso empfangen werden kann, wie ein Fernseher elektromagnetische Wellen empfängt. Zudem glaubt man, dass dieses Seelenbewusstsein Ähnlichkeiten mit Licht aufweist – beide sind Partikel ohne Masse, aber mit quantenphysikalischen Eigenschaften, die zweifellos existieren. Sie können sich gegenseitig über große Entfernungen hinweg beeinflussen.

Auf diese Weise sind alle Seelen zu einem großen Ganzen verbunden – zum Urzustand des Lichtes.

Die Quantenphysik erklärt das Seelenbewusstsein als einen Bewusstseinsprozess, der mit der Loslösung vom Körper nicht einfach verschwindet, sondern in eine andere Phase von Energie und Materie übergeht. Und genau diesen Vorgang beschreibt das Bardo Thödol.

Doch so ein weiterbestehendes Bewusstsein können wir uns unmöglich vorstellen. Unsere Gefühle, unser Denken und unsere Handlungen bedürfen unseres Körpers. Vielleicht ist das, was übrig bleibt, eine Art Informationsfluss, die Erfahrung, einen Körper gehabt zu haben.

»Nichts ist von Dauer. Alles unterliegt ständiger Veränderung – das ist die einzige Konstante im Leben«, habe ich von den buddhistischen Mönchen auf meinem Seminar in Thailand gelernt. Eine der Hauptlehren des Buddhismus besteht darin, dass alles vergeht. Dieses Bewusstsein soll uns die Furcht vor dem Unbekannten, vor Veränderungen, vor dem Tod nehmen, unser Festklammern am Leben auflösen – und uns ein größeres Bewusstsein im Jetzt schenken, und damit auch Glück.

15

Medizinrad und Lebensaufgabe

Auch der Schamanismus spricht von ständiger Veränderung, beschreibt sie als einen Kreislauf, der niemals endet und keinen Anfang hat. Er wird durch das Medizinrad repräsentiert. Das Medizinrad ist ein Kreis, der meist aus Steinen errichtet, manchmal aber auch gemalt wird. Er ist ein Symbol für das Universum und zeigt die Verbundenheit allen Lebens: Elemente, Pflanzen, Tiere, Mineralien, Menschen, Geistwelt, Planeten und Sterne.

Medizinräder existieren auf der ganzen Welt. Die berühmtesten stammen von den Druiden von Stonehenge, von den Maya und anderen Indianern aus Nord- und Südamerika. In Indien und Asien haben sie die Form von Mandalas.

Medizinräder sind Orte, an denen Menschen zusammenkommen, um das Leben zu feiern und Zeremonien abzuhalten, zu heilen und etwas über ihren Platz im Leben zu lernen. Sie sind heilig, ein Zuhause für die Geistwelt – ein Stück des Universums und des Himmels auf Erden, ein Tor in die unsichtbare Welt und ein Spiegel der Position, die man darin einnimmt. Sie sind eine Landkarte des Lebens, anhand derer wir uns orientieren können, wo wir zu irgendeinem gegebenen Zeitpunkt gerade stehen, wohin wir gehen wollen und was die nächsten notwendigen Schritte sind.

Im Medizinrad werden Sie sich jedes Mal auf einer neuen Position finden, da Sie ständig neue Lebenserfahrungen sammeln. Aber sobald Sie darüber nachdenken, was Sie noch lernen können, können Sie das Gleichgewicht in Ihrem Leben finden. Dann erlangen Sie Stabilität, obwohl alles permanenter Veränderung unterworfen ist und sich um Sie herum dreht.

Medizinräder helfen dabei, Blockaden auf allen Seinsebenen zu heilen. Die Angst vor dem Tod kann abnehmen oder sogar verschwinden, wenn man begreift, dass sich alles ständig verändert. Wenn Sie in einem Medizinrad arbeiten und dort ihren Gefühlen nachgehen, haben Sie die Möglichkeit, Ihre Lebensaufgabe ganz klar vor sich zu sehen.

Die Lebensaufgabe, der Daseinszweck, kann von Mensch zu Mensch ganz unterschiedlich aussehen. Für manche besteht sie darin, Liebe zu erfahren und auszuleben oder denen um sie herum Freude und Glück zu bringen. Andere betrachten es als ihren Lebensinhalt, Heilungen zu unterstützen oder ein bestimmtes Talent, eine gewisse Gabe wie Malen, Singen, Musizieren oder Schreiben voll auszuschöpfen. Und für wieder andere besteht die Lebensaufgabe darin, ein einfaches und ruhiges Leben zu führen.

Wenn Sie sich bewusst machen, auf was Sie eines Tages zurückblicken können wollen, wenn Sie dieses Leben verlassen, werden Sie darin Kraft und eine klare Richtung finden. Es sind die schönen Augenblicke, die unser Dasein erfüllend machen. Die Yaqui-Indianer bringen es mit der Frage, die sie sich selbst vor Entscheidungen stellen, auf den Punkt: »Was soll ich jetzt tun, in dem Wissen, dass ich sowieso sterbe?«

Für mich besteht eine meiner Lebensaufgaben in diesem Leben darin, zu reisen und Freude an diesem wunderbaren Planeten Erde zu haben.

16

Reisen

Feuchte und heiße brasilianische Dschungelluft. Ich befinde mich tief im Amazonas-Regenwald. Ich bin hierher gereist, um den Boto zu sehen, den rosafarbenen Amazonasdelfin. Er gilt als ausgesprochen schüchtern. Also teile ich ihm bereits vor meinem Flug nach Brasilien telepathisch mit, dass ich ihn besuchen komme – so wie ich es immer tue, wenn ich reise, um Wale und Delfine zu besuchen. Und ich bitte ihn, sich mir zu zeigen.

Das tut er – häufig –, und mir gegenüber ist er auch nicht schüchtern. Ich bleibe drei Wochen lang im Dschungel, und er erscheint fast täglich.

Der Boto hat einen herrlichen, großen Körper – und er ist wirklich richtig rosa! Mein Führer ist erstaunt darüber, wie freundlich die Delfine zu uns sind. Ich lächle und führe meine telepathischen Unterhaltungen mit den Tieren fort. Ich erzähle ihnen von ihren Brüdern und Schwestern in den Ozeanen der Welt. Von meinen Reisen. Davon, wie glücklich ich darüber bin, sie zu sehen, und dass ich sie liebe. Ich spüre, wie sie ihre Informationen auf mich downloaden und beobachte sie dankbar.

Mein Führer denkt, dass sie mich lieben und einst meine Liebhaber gewesen sein müssen, weil sie immer wieder zu unserem Holzkanu zurückkommen. In Brasilien gibt es die Legende, dass die Flussdelfine nachts junge Frauen verführen, nachdem sie menschliche Gestalt angenommen haben, sich morgens aber gleich wieder in Delfine verwandeln und in den Fluss zurückkehren.

Abends sitze ich glücklich auf der Veranda am Wasser, trinke Caipirinhas und sehe zu, wie die anderen Delfine des Amazonas, die kleinen, grauen Sotalia, vorüberschwimmen. Welch Glückseligkeit!

Eine andere Reise:

Ich fahre in einem öffentlichen Bus von Nepal nach Indien. Drinnen ist es völlig überfüllt. Ich beobachte, wie die Einheimischen auf das Dach klettern und sich zwischen die Gepäckstücke setzen. Sie bedeuten mir durch Nicken, es ihnen gleichzutun. Begeistert klettere ich hoch. Es ist wunderbar da oben. Eine der schönsten Busfahrten, die ich jemals erlebt habe; vom Dach des Fahrzeugs aus zu beobachten, wie auf unserer zweitägigen Reise, die gewundene, schmale Straßen hinauf- und wieder hinunterführt, das Himalaja-Panorama vorbeizieht.

Ich habe mich oft gefragt, warum Reisen bei mir problemlos funktioniert und mir so leichtfällt. Wenn ich mich zu einer neuen Reise berufen fühle, dann geschieht es irgendwie einfach. Wenn ich mehr Geld gebraucht habe, lief mir wie durch ein Wunder plötzlich ein neuer Auftrag über den Weg.

Ich war auf allen Kontinenten außer der Antarktis und bin bislang in 43 Ländern gereist. Reisen war schon Teil meiner Kindheit, meinen ersten Interkontinentalflug habe ich mit zweieinhalb Jahren zurückgelegt, ich wuchs zweisprachig auf, in verschiedenen Ländern und auf verschiedenen Kontinenten.

Die Antwort kommt mir bei einer Rückführung, in Verbindung mit einer vollkommen anderen Frage, bei der es um die Heilung meines inneren Kindes geht.

Meine Augen sind geschlossen, und ich habe die unsichtbare Welt betreten. Ich sehe ein kleines Mädchen im Wald. Es ist vier oder fünf und spielt zwischen den Bäumen neben der Hütte seiner Eltern. Seine Brüder und Schwestern befinden sich in der Nähe der Hütte, es hört ihre Stimmen.

Ich begreife, dass ich das kleine Kind bin, obwohl es anders aussieht als ich. Es ist ein anderes Leben.

Plötzlich kommt ein Reiter durch den Wald. Er sieht das Kind, reitet schnell zu ihm hin, hebt es mit einer schnellen Armbewegung hoch auf das Pferd und verbirgt es unter seinem Mantel. Er hält ihm mit der Hand den Mund zu. Das Kind hat panische Angst.

Sie reiten sehr, sehr lange, machen mehrmals über Nacht Rast. Dann kommen sie zu einer Burg. Dort bringt der Reiter das Kind zu einem anderen Mann. Es ist der Burgherr. Er sieht das Mädchen an; dann wird es in einen anderen Raum mit anderen Kindern unterschiedlichen Alters gebracht. Sie arbeiten dort. Es sieht seine Familie niemals wieder.

Als sie älter wird, findet der Burgherr besonderen Gefallen an ihr. Sie bekommt ihr eigenes Zimmer, man bringt ihr sogar bei, verschiedene Musikinstrumente zu spielen. Sie darf nicht sehr oft nach draußen und hat nur selten mit anderen zu tun. Hin und wieder kommt der Burgherr vorbei, und sie spielt ihm etwas vor. Er unterhält sich mit ihr.

So vergehen die Jahre, und sie darf das Schloss kaum verlassen. Sie ist dort eine Gefangene, das Spielzeug des Burgherrn. Sie ist unglücklich und stirbt früh, noch in ihrer Jugend.

Als sie ihren Körper verlässt, ist ihr letzter Gedanke: »Endlich bin ich frei.« Ihre Seele reist leicht und problemlos ins Bardo, die Existenzebene vor der Wiedergeburt. Sie trifft dort ihren Geisthelfer, um ihre Lebenserfahrung aufzuarbeiten und sich auf die Lernschritte in der nächsten Inkarnation vorzubereiten. Der Geisthelfer ist schon seit vielen Lebenszeiten, seit Äonen, bei ihr.

Ihre Seele sagt zu ihrem Führer: »Ich habe die Erfahrung der Gefangenschaft gemacht.« Der Führer sagt: »Und eines Tages wirst du die Erfahrung des Gegenteils machen – Freiheit. Du wirst gehen können, wohin immer du willst, wann immer du willst; du wirst die ganze Welt bereisen können.« Sie nickt. Sie weiß, auf wie unterschiedliche Weisen man lernen kann, manchmal auch durch die Erfahrung von Gegensätzen – so wie Opfer und Täter zu sein; arm und reich, krank und stark, gesund. Beim Karma geht es niemals um ausgleichende Gerechtigkeit, sondern darum, beide Seiten kennenzulernen. Das Leben auf der Erde ist dual, ist Gegensätzlichkeit.

Als ich langsam aus der Trance erwache, bin ich nicht nur bei der Heilung meines inneren Kindes einen Schritt weitergekommen, sondern habe auch begriffen, warum ich die Möglichkeit habe, so viel zu reisen. Oft hat es sich so angefühlt, als sei ich von Engeln umgeben, die mir dabei helfen, meine Reisepläne in die Tat umzusetzen, und mich auf meinem Weg schützen. Jetzt weiß ich, dass es tatsächlich so ist.

Das Leben findet hier und jetzt statt – und ich liebe es! Ich reise wieder, sehe, wie wundersam und schön die Welt ist. Reisen ist für mich wie Meditieren, wie Zeit in der Natur zu verbringen oder Yoga machen: Es hilft mir, meine tägliche Routine und meine Alltagspflichten loszulassen, verbindet mich mit meinem Seelenzweck und meiner Leidenschaft, hilft mir, wieder einen Zustand des reinen Seins zu erlangen.

Ich liebe es, auf Entdeckungsreisen zu gehen, das Leben ist so kurz und solch ein Geschenk. Ich tauche ein in die Energie des neuen Ortes, an den ich reise. Er hat sein eigenes Bewusstsein, entstanden aus der Geschichte dieses Ortes, dem Kollektivgedächtnis, das sich dort abgelagert hat, den Geschichten aller Menschen, die dort leben. Reisen bringt mich zurück an die Quelle, zum Wunder und Mysterium des Lebens.

Ich bin mit einem Freund in Südkalifornien, wir nehmen einen Bus zur mexikanischen Grenze. Wir haben entschieden, der Erfahrung, des Spaßes und des Abenteuers wegen per Anhalter zu fahren. An der mexikanischen Grenze steigen wir aus dem Bus und sitzen mit unseren Rucksäcken am Straßenrand. Wir warten und erzählen einander Geschichten, lachen, die Daumen in die Höhe gestreckt.

Es dauert nicht lange, vielleicht eine halbe Stunde, bis ein großer Lieferwagen vor uns hält. Das ist klassisch. Ein mexikanischer Mann mit einem großen Cowboy-Hut steigt aus und fragt uns, wo wir hinwollen. Wir erzählen ihm, dass unser Ziel Mexiko-Stadt ist, wir aber dankbar um jede Mitfahrgelegenheit sind, die uns ungefähr in diese Richtung bringt. Er nickt und fragt uns, wo wir herkommen. Wir erzählen es ihm und plaudern ein bisschen. Er nimmt uns genau unter die Lupe, und wir tun dasselbe. Sein Englisch ist hervorragend, und er scheint ein ziemlich angenehmer Mensch zu sein. Vor ihm liegt eine sehr lange Fahrt, eine ganze Tagesreise Richtung Süden, und er bietet uns an, hinten auf der offenen Ladefläche mitzufahren.

Wir sind glücklich und aufgeregt, als wir auf die Lieferfläche des Wagens klettern. Mit Hüten auf den Köpfen und in Decken gewickelt genießen wir die Fahrt unter freiem Himmel, beobachten die mexikanische Landschaft und die Menschen, die an uns vorbeiziehen.

Stunden später halten wir an einer Raststätte, um etwas zu essen. Wir alle genießen unsere Unterhaltung, sprechen über das Reisen und Menschen. Auch der Mexikaner ist viel gereist und hat einiges von der Welt gesehen.

Als wir zahlen, fragt er uns, ob wir über Nacht auf seiner Ranch bleiben wollen. Seine Frau und sein kleiner Sohn sind auch dort, wir können im Gästehaus wohnen. Und er hat Pferde, auf denen wir reiten dürfen. Wir nehmen dankend an.

Bei Sonnenuntergang kommen wir auf der Ranch an. Sie ist riesig, mit vielen Rindern und Pferden. Das Haus ist wunderschön, und die Frau bereitet uns ein warmes Willkommen. Der kleine Sohn ist wirklich süß. Sie laden uns ein, mit ihnen zu Abend zu essen, und wir verstehen uns auf Anhieb.

Letztes Endes bleiben wir drei Tage lang, ihre Gastfreundschaft ist einfach überwältigend. Wir haben ein ganzes kleines Gästehaus nur für uns. Jeden Tag gehen wir reiten.

Der mexikanische Rancher zeigt mir, wie man mit nur einer Decke als Sattel und einem einfachen Seil als Halfter reitet. Er erklärt mir, dass ich mit dem Pferd sprechen solle, dann würde alles ganz leicht gehen. Und obwohl ich mich für keine gute Reiterin halte und erst ein paar Mal mit Pferden zu tun hatte, funktioniert es tatsächlich. Ich vertraue auf das, was er mir erklärt, und beobachte, wie er es macht. Und dann ist es, als ob das Pferd und ich eins werden. Wir galoppieren durch die flache, staubige mexikanische Landschaft, endlose Weite. Ich jauchze und schreie vor Glück darüber, wie schön das Leben ist!

Die Geschenke des Reisens. Für mich sind sie wie Juwelen, wertvoll, etwas, an das ich mich in meinem Herzen und meiner Seele immer erinnern werde.

Ich bewundere die Schönheit und Vielfalt auf unserem Planeten. Nicht nur die der Natur, sondern all ihrer Geschöpfe. Selbst die Krabbeltiere, die Insekten, die dabei helfen, die Erde umzuwälzen, und Nahrung für viele andere Geschöpfe sind. Deswegen gibt es so viele von ihnen: weil sie in der Nahrungskette ganz weit unten stehen.

Es macht mir Spaß, die Insekten zu beobachten und von ihnen zu lernen: Die Stärke und Emsigkeit der Ameisen, die rot, schwarz, golden und silbern schimmern. Das Wunder einer Puppe, die sich in einen vielfarbigen Schmetterling verwandelt. Die sanft schaukelnde Bewegung einer hypnotisierenden Gottesanbeterin. Die zahllosen Beine eines Tausendfüßlers. Die Faszination einer Spinne. Ein einfacher brauner Regenwurm. Auch sie sind schön, manche offensichtlich, so wie leuchtende Schmetterlinge – manche erst auf den zweiten Blick, so wie Käfer.

Genauso ist es mit den menschlichen Taten, Leistungen und Strukturen. Auch wir sind ein Teil der Natur. Vieles, das die Erdlinge erschaffen haben, ist erstaunlich schön – manches offensichtlich, anderes erst auf den zweiten Blick.

Offensichtlich: schöne Musik aus allen Jahrhunderten und von allen Kontinenten, Literatur, Speisen, Kunst, Bauwerke.

Auf den zweiten Blick: die kleinen Nischen großer Städte, in denen Tür an Tür eine Vielzahl und Vielfalt der Kulturen lebt, überfüllt und übelriechend, aber von einer ganz eigenen Faszination und Schönheit, voller Reichtum an Farben und Sprachen und Menschen.

Mehr als alles andere liebe ich es, die Natur zu erleben und Menschen zu begegnen, wenn ich reise.

Als wir die Ranch in Mexiko verlassen, verabschieden der Rancher und seine Familie uns fröhlich. Wir alle wissen, dass es eine schöne Begegnung war und dass wir uns vermutlich nie wiedersehen werden.

Unsere Herzen sind offen vor Dankbarkeit. Mein Freund und ich reisen weiter nach Mexiko-Stadt. Ich bleibe eine Woche lang dort und reise dann allein weiter Richtung Süden, nach Guatemala; mein Freund beschließt, länger in Mexiko-Stadt zu bleiben, um Spanisch zu lernen. Ich glaube, der Hauptgrund besteht darin, dass er in unserem Hostel ein Mädchen kennengelernt hat, das er mag.

Ich bin froh, eine Weile allein zu sein, ehe meine Mutter für zwei Wochen zu Besuch kommt. Während ihres Aufenthalts wohnen wir in einem wunderschönen guatemaltekischen Gasthaus mit einem freundlichen Besitzer. Er lädt uns ein, mit ihm ein winziges Bergdorf zu besuchen.

Am Tag unserer Wanderung stehen wir sehr früh auf, da wir mehrere Stunden lang den von einem herrlich üppigen Wald bedeckten Berg hinaufsteigen müssen. Das Dorf hat keine Elektrizität, es ist eine andere Welt. Der Besitzer des Gasthauses ist mit den Menschen dort befreundet und stellt uns vor. Ein weiteres Reisejuwel, das mir Herz und Geist öffnet.

Nachdem meine Mutter wieder abgereist ist, hänge ich noch eine Weile mit ein paar anderen Reisenden herum. Dann spüre ich, dass es Zeit ist, wieder weiterzuziehen. Und wie die Synchronizität verläuft, kommt genau am nächsten Tag eine andere Reisende, mit der ich mich angefreundet habe, vorbei und fragt mich, ob ich Lust hätte, vom Izabal-See durch den Rio Dulce an die karibische Küste Guatemalas und hinunter nach Honduras zu segeln. Sie hat sich mit zwei Amerikanern und deren halbwüchsigem Sohn angefreundet, die sie eingeladen haben, mitzusegeln – und sie soll jemanden mitbringen. Natürlich bin ich begeistert.

Ein paar Tage später reisen wir ab. Wie schon mit dem mexikanischen Rancher und seiner Familie genießen wir es auch hier, zusammen zu sein. Das Segelboot fährt durch das atemberaubende Flusstal des Rio Dulce, umgeben vom üppigen Dschungel in all seiner Pracht und seiner eigenen Symphonie der Geräusche. Wir kochen und essen gemeinsam, erzählen Geschichten, Witze, tanzen ein wenig, schweigen aber auch häufig. Betrachten die atemberaubende Natur wie einen Film, der an unserem Boot vorbeizieht.

Manchmal gehen wir vor Anker, um mit dem Dingi kurze Ausflüge in kleinere Seitenflüsse zu machen. Dort sehen wir Brüllaffen, die Geräusche machen wie wilde, röhrende Tiger. Wir beobachten seltene Vögel, die Amerikaner sind begeisterte Ornithologen. Und wir erkunden die unberührte, wunderschöne Natur.

Einmal machen wir auch halt, um eine andere Amerikanerin zu besuchen, eine Freundin von ihnen. Sie lebt mit ihrer kleinen Tochter in einem schönen Haus im Dschungel. Alles wird über Generatoren betrieben. Sie arbeitet als Lehrerin in der nahen Stadt. Wir bleiben über Nacht in ihrem geräumigen Haus, kochen zusammen, reden. Und trinken eine Menge Wein.

Eines der Wunder des Reisens ist, dass es einem die Zeit schenkt, einfach mit anderen Erdlingen zusammen zu sein, mit Mitmenschen. Kein Fernseher läuft im Hintergrund – man hat einfach Zeit, zu sein. Es ist herzerwärmend und Nahrung für die Seele.

Am nächsten Morgen führt uns die amerikanische Lady zu einem nahen Heißquellenbad neben einem wunderschönen Wasserfall im Dschungel. Wir baden unter dem Wasserfall und entspannen in den heißen Quellenbecken.

Dann segeln wir wieder weiter. Diesmal die Küste hinab nach Honduras. Gelegentlich begleiten uns Delfine auf dem Weg, reiten auf der Bugwelle.

Den Himmel auf Erden gibt es wirklich.

»Geh einmal im Jahr an einen Ort, an dem du noch nie zuvor gewesen bist«, sagt der Dalai Lama. Was wollten Sie schon immer einmal machen? Welchen Ort wollten Sie kennenlernen? Zögern Sie nicht. Wenn nicht Sie, wenn nicht jetzt, wer und wann dann? Indem Sie neue Orte besuchen und Dinge tun, die Sie niemals vorher getan haben, öffnen Sie sich für die Weite und Freiheit, die Sie in sich tragen. Sie verlassen alte Wege und erweitern Ihren Horizont.

Vor einigen Jahren erzählte mir einer meiner Lehrer die Geschichte des Singenden Steins:

Eine junge Frau, die in einem Dorf lebt, geht zu einer weisen alten Frau und sagt: »Ich habe gehört, dass es irgendwo auf der Welt einen singenden Stein gibt.« – »Das könnte sein, mein Kind«, entgegnet die weise alte Frau. »Ich habe auch schon davon gehört. Aber du musst danach suchen und es selbst herausfinden.«

Also reist die junge Frau Richtung Süden, bis sie auf eine kleine Maus trifft. »Kannst du mir sagen, wo ich den singenden Stein finde?«, fragt sie. »Ich habe auch schon davon gehört«, antwortet die kleine Maus. »Warum suchst du nicht im Westen danach?«

Also macht sich die junge Frau auf nach Westen, bis sie auf eine Klapperschlange trifft. »Kannst du mir sagen, wo ich den singenden Stein finde?«, fragt sie. »Ich habe auch schon davon gehört«, zischt die Schlange. »Aber hier ist er nicht. Warum suchst du nicht im Norden danach?«

Also wandert die junge Frau in den Norden, bis sie auf ein Dickhornschaf trifft. »Kannst du mir sagen, wo ich den singenden Stein finde?«, fragt sie. »Den singenden Stein? Ja, davon habe ich gehört«, antwortet das Schaf. »Warum siehst du nicht mal im Osten nach?«

Also marschiert die junge Frau Richtung Osten, bis dahin, wo die Sonne aufgeht. Und dort begegnet sie einem Falken. »Kannst du mir bitte sagen, wo ich den singenden Stein finde?«, fragt sie. »Ah, der singende Stein«, sagt der Falke. »Natürlich, den gibt es. Aber hier ist er nicht. Tut mir leid.« Er sieht, dass die junge Frau sehr müde und erschöpft ist, und so fährt er freundlich fort: »Du bist jetzt schon so lange und weit gereist. Warum gehst du nicht nach Hause, um herauszufinden, was dort passiert ist, während du weg warst?«

Traurig macht sich die junge Frau auf den Rückweg. Als sie sich ihrem Dorf nähert, sieht sie, dass alle Bewohner am Straßenrand stehen und sie grüßen und willkommen heißen. Mit zögernden Schritten kommt sie näher. Es klingt, als würden sie etwas singen.

Als die junge Frau näher kommt, hört sie, was sie singen: »Willkommen zu Hause, Singender Stein!«

Hawaii – Lemuria

Der Ort, an dem ich auf meinen Reisen die meiste Zeit verbringe, ist Hawaii. Ich bin jedes Jahr dort, oft mehrmals und monatelang. Ich fahre dorthin, um die Delfine und Wale zu besuchen. Wegen eines Vorfalls bei meiner ersten Reise nach Hawaii fühle ich mich dort willkommen.

Ich komme abends an, bin erschöpft. Mit meinem Rucksack auf dem Rücksitz meines Mietwagens fahre ich durch die Nacht, um ein Fleckchen zu finden, auf dem ich mein Zelt aufschlagen kann. Ich weiß nicht, dass man nicht einfach überall campen kann. Also folge ich wie immer meiner Intuition und biege zu einem Leuchtturm ab. Daneben stehen wunderschöne Bäume, ein ganzer Wald. Das ist der Ort, an dem ich mein Zelt aufbauen will.

Niemand sonst ist dort, die Nacht ist warm. Ich kann das Rauschen des Ozeans tief unten am Fuß der Klippen unter dem Leuchtturm hören. Ich baue mein Zelt auf und gehe schlafen.

Ein Geräusch weckt mich. Ich begreife, dass ich noch schlafe, aber in meinem Traum wach bin. Zwei Wesen haben mein Zelt betreten. Sie sind um mehrere Köpfe größer als Menschen. Ich weiß sofort, dass sie die schützenden Spirits Hawaiis sind. Es sind wunderschöne männliche Geistgestalten, die Speere bei sich tragen und wild aussehen. Auf mich wirken sie mutig und reinherzig. Ich bin wachsam, habe aber keine Angst.

»Wer bist du?«, fragen sie. Ich sage ihnen meinen Namen und woher ich angereist bin. »Was willst du hier?«, lautet ihre nächste Frage. Ich erzähle ihnen, dass ich schon seit vielen Jahren gefühlt habe, dass mich etwas hierher ruft, das uralte Land genauso wie die Wale und Delfine.

Sie sehen mich aufmerksam an, studieren mich schweigend. Ich spüre, wie ihre Spirit-Augen meine Seele und mein Herz durchdringen, mich auf Herz und Nieren prüfen, mich scannen, genauso, wie es die Delfine tun. Dann, plötzlich, sagen sie: »Du bist hier willkommen«, und verschwinden. Ich weiß, dass ich ihren Test bestanden habe.

In den folgenden Jahren kehren Erinnerungen daran zurück, dass ich zuvor viele Male auf Hawaii und in Lemuria gelebt habe. Deswegen erscheint mir alles so vertraut, wenn ich dort bin. Ich fühle mich zu Hause. Wenn ich auf der Insel herumfahre, weitet sich mein Herz manchmal vor Freude, Tränen der Dankbarkeit und Liebe für das Land und das Meer rollen mir die Wangen hinab.

Lemuria ist der Name des uralten Kontinents, der vor etwa einer Million Jahren existiert haben und 25.000 Jahre vor unserer Zeitrechnung untergegangen sein soll. Hawaii und die südpazifischen Inseln sind die letzten Überreste.

Als ich in dieser ersten Nacht auf Hawaii ankomme, weiß ich noch nicht, dass ich wieder und wieder zurückkommen werde. Dass ich schließlich mit den Inseln, dem Land und dem Meer arbeiten werde, den Menschen und Geschöpfen dort. Die Spirits, die mich in meinem Zelt besucht haben, wussten es – und haben mir ihre Erlaubnis erteilt.

Ich wache auf, nachdem die beiden schützenden Spirits gegangen sind. Ich sitze in der Dunkelheit der Nacht in meinem Zelt und fühle mich wohl, sicher, beschützt. Für mich war es ein weiteres kraftvolles Öffnen. Ich sehe auf meine Uhr und bemerke, dass kaum eine Stunde vergangen ist, seit ich mein Zelt aufgeschlagen habe und eingeschlafen bin – die Spirits sind sofort gekommen. Ich schlafe schnell wieder ein.

Am nächsten Morgen weckt mich eine Stimme vor meinem Zelt. Diesmal stammt sie nicht aus der Geistwelt - es ist ein Ranger auf seiner Morgenpatrouille. Er teilt mir mit, dass es illegal ist, hier zu zelten, und dass ich sofort gehen muss. Ich soll auf den nahe gelegenen staatlichen Campingplatz umziehen. Also packe ich meine Sachen zusammen und fahre.

Anstatt auf den öffentlichen Campingplatz zu fahren, werfe ich einen Blick auf meine Landkarte und entdecke einen weiter im Inland gelegenen Wasserfall. Meine Intuition sagt mir, dass das der richtige Ort für mich ist. Es stellt sich heraus, dass das stimmt, denn ich treffe dort auf einen jungen Hawaiianer, der traditionelle Handarbeiten verkauft - Huláröcke und Blätterketten. Er erzählt mir, dass er und sein Vater sie herstellen.

Wir verstehen uns gut und reden eine Stunde lang. Ich erzähle ihm, wo ich gezeltet habe und was mir mit dem Ranger passiert ist. Er lacht. Dann erzähle ich ihm von meinem Traum, weil ich spüre, dass ich das tun sollte; dass es wichtig ist, diese Geschichte mit ihm zu teilen. Seine Augen werden ganz groß, und er mustert mich neugierig, anders als vorher. »Das ist sehr altes heiliges Land da oben«, sagt er. »Du hast großes Glück, die Geister können auch sehr unangenehm werden.«

»Inwiefern?«, frage ich ihn.

»Sie können dafür sorgen, dass du dich im Wald verirrst und für immer im Kreis läufst«, erklärt er. »Sie locken dich hinein, sagen, dass du ihnen folgen sollst.« Er hält inne. »Mir und einem meiner Brüder ist das einmal passiert. Damals haben wir Sachen angestellt, die wir nicht hätten tun sollen«, fährt er fort. »Und die Geister haben uns eine Lektion erteilt. Danach haben wir beide damit aufgehört.«

Kais Energie gefällt mir sehr. »Vielleicht kannst du mitkommen und für eine Weile auf unserem Land zelten. Manchmal machen wir das mit Reisenden, die uns sympathisch sind.« Er strahlt mich an. »Mal sehen, was mein Vater davon hält.«

Wir fahren zu Kais Vater, mit dem ich mich auf Anhieb verstehe. Kalani ist ein älterer, verwitweter Herr mit silbernem Haar und freundlichen, ernsten Augen, die vor Weisheit leuchten. Er erlaubt mir, mein Zelt auf seinem Grundstück aufzuschlagen, nahe einem kleinen Süßwasserfluss, in dem ich baden darf. Am Ende bleibe ich mehrere Wochen lang dort.

Ich glaube, sowohl Kai als auch sein Vater sehen meinen Traum als Zeichen, dass sie mir Hawaii zeigen sollen. Kalani sagt mehrfach, dass ich sehr viel Glück hatte, die schützenden Spirits gesehen zu haben; sie zeigen sich nicht oft.

Er erzählt häufig von der hawaiianischen Kultur, während er seine Handarbeiten herstellt. Die Huларöcke und Ketten bestehen aus Ti-Blättern, erklärt er, einer der heiligsten Pflanzen Hawaiis. Ti-Blätter sehen ein bisschen so aus wie Bananenbaumblätter – groß und grün.

Kalani übt sein Kunsthandwerk nicht nur aus, damit sein Sohn die Waren an Touristen verkaufen kann, sondern fertigt auch Röcke und Ketten für seine vielen Kinder und Enkel an. Er hat fünfzehn Kinder und etwa drei Mal so viele Enkelkinder. Kalanis Kinder haben alle geregelte Jobs – bis auf Kai, dem das naturverbundene Leben liegt, das sein Vater führt, und der in dessen Fußstapfen tritt.

Kalanis Kinder kommen regelmäßig mit den Enkeln und Ehepartnern vorbei. Zusammen halten sie *luaus* ab, hawaiianische Festmähler. Im Kreis ihrer *ohana*, ihrer Familie, gibt es bei jeder denkbaren Gelegenheit ein *luau*.

Während ich dort bin, findet fast wöchentlich eines statt. Jeder bringt Essen mit. All die Enkelkinder, die jüngsten sind drei Jahre alt, die ältesten schon Teenager, tragen Opas Huларöcke aus Ti-Blättern und tanzen auf einer kleinen Bühne, die er selbst gebaut hat. Alle Verwandten applaudieren und loben sie. Es ist wunderschön und herzerwärmend, daran teilzuhaben.

Werte des Lebens

Wenn seine Familie zu Besuch kommt, erzählt Kalani seinen Enkeln oft kleine Geschichten über die hawaiianische Lebensweise und die kulturellen Werte der Inseln. Eines seiner Lieblingsthemen ist das Leben in *aloha* - in einem Zustand der Liebe und Freundlichkeit. Kai beobachtet seinen Vater liebevoll und lächelt, gibt mir zu verstehen, dass er damit aufgewachsen ist, dass sein Vater diese Geschichten erzählt hat.

In den Stunden, in denen ich mit Kalani zusammensitze und rede, erzählt er auch mir vom hawaiianischen Wertesystem – aber als einer Erwachsenen, ohne Geschichten, er erklärt es mir einfach.

»Gott hat uns die Liebe gegeben. Wir nennen sie aloha. *Wir teilen dieses* aloha *miteinander. Aloha heißt Frieden und Freundlichkeit und Zuneigung. Wir sagen* aloha, *um uns zu begrüßen und zu verabschieden. Ein Hawaiianer zu sein bedeutet, jeden einzelnen Tag in* aloha *zu leben, zu sein und zu handeln.*

Locker bleiben, entspannen und es leicht nehmen. Über sich selbst lachen und mit anderen zusammen glücklich sein. Genauso wie man selbst möchten auch alle anderen glücklich sein. Vollkommener Entspannung wohnen große Kraft und Stärke inne. Dann kann man sich selbst vertrauen. Und wenn man sich selbst vertraut, kann man anderen vertrauen.

Wenn dich jemand verletzt, verzeihe ihm. Wenn du jemanden verletzt, entschuldige dich dafür und füge ihm niemals wieder Schaden zu. Wenn es einen Konflikt gibt, bringe es wieder ins Lot. Man muss die Dinge klären und die Harmonie wiederherstellen. Wo liegt das Problem in einem selbst?

Sei versöhnlich mit deiner Familie, deinen Verwandten, Freunden, Lehrern und überhaupt jedem, auch dir selbst. Wenn du einmal vergeben hast, bringe das Thema niemals wieder auf. Dann lebst du in Harmonie mit dir selbst und der Welt um dich herum. Führe diese Übung jeden Tag, ehe die Sonne untergeht, aus. Wir nennen sie ho'oponopono.

Sei rücksichtsvoll, hilfsbereit, aufrichtig und demütig. Lebe in Harmonie mit der Natur. Respektiere und bedanke dich für das Geschenk des Lebens, die Menschen und Orte in deinem Leben, für die Dinge und Ereignisse. Dankbarkeit bringt mehr Reichtum in dein Leben.

Sei geduldig. Habe Zeit für kukakuka – das Geschichtenerzählen – mit anderen. Besonders mit älteren Menschen und Kindern.«

Ich liebe es, Kalani zuzuhören. Nachdem ich ihm gesagt habe, dass mir als Kind niemals jemand Geschichten erzählt hat, fängt er an, auch mir Geschichten zu erzählen. Ich fühle mich wie ein Kind. Eines Nachmittags erzählt mir Kalani die Geschichte von Lemuria.

Die Rückkehr
des Regenbogens

»Es gab, so heißt es in den alten Geschichten Lemurias, das wir auch Mu nennen, eine Zeit, in der das Leben auf der Erde das Paradies war. Die Kinder waren so leicht und rein, dass sie auf Regenbogen laufen und tanzen konnten. Nichts lastete so schwer auf ihnen, dass es sie nach unten zog – denn dazu gab es keinen Grund.

Sie hatten alles im Überfluss: Nahrung in Form von Pflanzen und Früchten, Kleidung und Häuser, die sie aus Pflanzen herstellten. Und ohana – Freunde und Familie.

Also verbrachten sie den Großteil ihrer Zeit damit, das Spiel des Lebens zu spielen: Spaß zu haben und mit einem offenen und liebenden Herzen alles zu teilen.

Diese Zeit Lemurias lag vor dem, was wir die Menschheitsgeschichte nennen. Die Kinder Mus hatten eine direkte Verbindung zum Himmel – den Regenbogen. Er war ihr ständiger Begleiter. Über ihn konnten sie ihre Vorfahren besuchen; er war ihre Brücke von der physischen in die unsichtbare Welt, in andere Dimensionen. Er war ihr Weg in die unsichtbare Welt, immer für sie da.

Dann, wie in allen Geschichten, geschah eines Tages etwas Ungewöhnliches. Einige der Kinder fingen an, das Spiel ernst zu nehmen. Es war noch immer ein Spiel, aber plötzlich behaupteten einige, dass es Regeln geben würde – ansonsten wäre es nicht das »wahre« Spiel. Jedes

Kind hatte bestimmte Gebiete – die ihm vom Schöpfer gegeben worden waren –, in denen es besonders talentiert war: etwas herstellen, kochen, pflanzen, ernten, singen, zeichnen, ein Musikinstrument spielen, mit den göttlichen Gefilden sprechen.

Als der Ernst in ihr Leben einkehrte, begannen die Kinder aber zu glauben, dass sie allein die Ursache ihrer Handlungen seien. Sie begannen zu vergessen, dass es die Quelle war, die durch sie floss, sich durch sie ausdrückte. Und weil sie glaubten, dass allein sie ihre Talente erschaffen hätten, sagten sie, dass die Dinge genau so und nicht anders getan werden müssten. Sie stellten mehr und mehr Regeln auf.

Dann hörten die Kinder nach und nach auf zu teilen und begannen, einander das Wissen und die Weisheit vorzuenthalten, die gebraucht wurden. Und so entstanden die ersten Machtspiele. So wurden sie zu Leuten, hörten auf, Kinder des Regenbogens zu sein.

Der Regenbogen über ihren Köpfen begann zu verblassen. Mehr und mehr Machtspiele entstanden. Nur auf diese Weise konnten sich die Menschen noch wohlfühlen. Sie hatten das schöne Gefühl verloren, das beim Teilen entsteht, aus einem offenen Herzen, aus der Verbindung zum Schöpfer und aus dem Wissen, dass es für alle alles im Überfluss gibt. Stattdessen konnten sie sich nur noch gut fühlen, wenn sie sich anderen überlegen fühlten.

Und so hat die Menschheit im Verlauf ihrer Geschichte alle verschiedenen Arten von Machtspielen durchlaufen: eine Zeit, in der die Frauen dachten, sie seien den Männern überlegen, eine Zeit, in der Männer dachten, sie seien den Frauen überlegen. Sie konnten sich immer vage daran erinnern, wie es einmal gewesen war, als Kinder des Regenbogens. Sie versuchten, diesen Zustand durch ihre Machtspiele wiederzuerlangen. Das Haben- und Besitzenwollen war jedoch der falsche Weg.

Aber zu allen Zeiten gab es auch viele Menschen, die sich mit der Quelle verbinden konnten – weil die Quelle immer hier ist. Das war oft gefährlich. Diejenigen, die die Macht hatten, fühlten sich dadurch bedroht und wurden wütend – weil sie doch die einzigen waren, die die Macht hatten, sich besser zu fühlen. Und so wurden im Verlauf der

Geschichte diejenigen, die die reine Regenbogenverbindung gefunden hatten, von den Machthabern oft bestraft oder sogar getötet.

Es entstand auch etwas, das als Religion bezeichnet wird – wieder etwas voller Regeln. Sie wurde von Menschen erschaffen, die behaupteten, dass sie allein die wahre Verbindung hätten. Das verursachte Kriege und Massengenozid. Andere Machtspiele waren die des Besitztums, der Rasse, der Erziehung ... alles sehr merkwürdige Versuche, sich besser zu fühlen.

Aber, so besagt die hawaiianische Legende, es wird immer Menschen geben, die sich an die Verbindung erinnern können. Viele von ihnen sind über die Jahrtausende der Menschheitsgeschichte mit ihrem Wissen in den Untergrund gegangen und haben es stillschweigend weitergegeben, vorsichtig, damit es niemals verloren geht. Ein Teil ihres Wissens bestand in der Fähigkeit vorauszusehen, dass eine Zeit kommen würde, in der die Kinder des Regenbogens zurückkehren, auf eine neue Weise.

Es wird eine Zeit kommen, in der die Erinnerung und das Wissen wieder an die Oberfläche steigen. So viele Menschen werden sich erinnern, dass es nicht mehr gefährlich ist, ein Kind des Regenbogens zu sein. Das Wissen ist in uns allen, selbst in denen, die ihre Macht missbrauchen, und kann niemals verloren gehen.

Wenn sich erst einmal genug Menschen erinnern und sich wieder für die Regenbogenverbindung öffnen, wird das Wissen in noch mehr Menschen an die Oberfläche kommen. Die Kinder des Regenbogens werden zurückkehren.

Den lemurischen und hawaiianischen Legenden und Prophezeiungen zufolge ist diese Zeit jetzt gekommen.«

Ich liebe diese Geschichte, die Kalani mit mir teilt; sie lässt freudige Schauer meinen Rücken hinabrieseln. Ich erzähle Kalani, dass nicht nur die lemurische Legende von dieser Zeit spricht - viele alte Kulturen auf der ganzen Welt, wie die Hopi, die Maya, die

Ägypter und die alten Griechen, kennen ähnliche Prophezeiungen, laut denen jetzt die Zeit der Öffnung gekommen ist.

Diese Legenden beschreiben das, was die Wissenschaft als »kritische Masse« für alle evolutionären Veränderungen bezeichnet, die einer Spezies widerfahren. Wenn ausreichend viele Menschen – oder Tiere oder Pflanzen – ein neues Verhalten oder Wachstumsmuster angenommen haben, dann geht es automatisch auf alle anderen Mitglieder dieser Spezies über.

Dann werden die Menschen keine Angst mehr voreinander haben müssen. Dann wird sich niemand mehr aus Angst manipulieren lassen. Kein Glaubenssystem wird mehr behaupten, dass Gott Selbstaufopferung bedeutet und man in diesem Leben leiden soll, wenn man nach seinem Tod im Himmel glücklich werden will.

Niemand wird es glauben, wenn jemand ihm einreden will, dass andere am besten wissen, was gut für ihn ist, nur weil sie angeblich mehr Erfahrung haben. Die Menschen werden keine Angst mehr davor haben, glücklich zu sein, nur weil sie sich wünschen könnten, dass das Glück von Dauer ist, was sie für unmöglich halten. Und vor allem wird niemand mehr denen glauben, die behaupten, dass Spaß kindisch sei – dass es besser und weiser sei, ständig angespannt und ernst zu sein.

Kalani und ich lachen laut, glücklich und unkontrolliert.

Ich selbst kann mein inneres »Kind des Regenbogens« am einfachsten finden, indem ich mit den Delfinen schwimme. Wenn sie um mich herumwirbeln und wir miteinander spielen, werden mein Herz und meine Seele leicht und glücklich. Es erinnert mich daran, was das Leben eigentlich sein sollte: Spiel, Freude, Liebe und Überfluss.

Während der Wochen, die ich auf Kalanis Land zelte, verbringe ich die Morgenstunden mit den Delfinen am Strand. Meistens fahre ich sehr früh dorthin, noch vor Sonnenaufgang. Ich liebe es, auf Hawaii früh aufzustehen. Jeder dort tut es. Weil Hawaii so nahe am Äquator liegt, sind Tag und Nacht hier jeweils ziemlich genau zwölf Stunden lang. Die Sonne geht schnell auf und unter. Die Menschen nutzen das Licht der Morgenstunden. Es ist eine wunderschöne Tageszeit.

Die Delfine sind dann oft in der Bucht. Ich trinke meinen Tee und esse ein kleines Frühstück, während ich sie beobachte und warte, bis die Sonne aufgeht. Dann gehe ich ins Wasser, um mit ihnen zu schwimmen und zu spielen. Manchmal bleiben sie nur eine halbe Stunde lang, manchmal auch den ganzen Vormittag. Man weiß es nie vorher, es ist immer eine Überraschung.

Wenn sie einmal nicht da sind, bleibe ich den Morgen über einfach so am Strand, entspanne mich, lese, habe Spaß. Ich plaudere mit anderen Leuten, die gekommen sind, um Zeit mit den Delfinen zu verbringen. Ich schnorchle und begegne dabei hin und wieder großen alten Seeschildkröten – *honus*.

Weil Winter ist, sind auch die Wale dort, um ihre Babys im warmen Tropenwasser zu gebären. Oft kann ich sie von der Küste aus dabei beobachten, wie sie durch die Wasseroberfläche brechen und ihre gewaltigen Körper majestätisch vertikal in die Luft steigen, um dann mit lautem Donnern und enormem Platschen wieder auf dem Wasser aufzuschlagen.

Anschließend fahre ich zu Kalanis Grundstück, um mich in dem Süßwasserfluss abzuspülen, etwas zu Mittag zu essen und ein Nickerchen zu machen. An den Nachmittagen bin ich meist mit Kai und seinem Vater zusammen und höre ihnen zu, stelle Fragen. Manchmal mache ich auch Ausflüge.

Eines Tages schenkt mir Kalani eine Kette, an der ein geschnitzter Holzdelfin hängt. »Das hier bist du«, sagt er. Damals weiß ich noch nicht, dass ich eines Tages häufig mit Delfinen arbeiten werde. Manchmal sehen andere Menschen, was in einem steckt, bevor man selbst es erkennt.

Ich brauche viele Jahre, um wirklich glauben zu können, dass darin meine wahre Aufgabe besteht. Es ist so eine wunderbare Arbeit. Es war also auch eine Heimreise zu mir selbst, dazu, mich selbst zu lieben und zu begreifen, dass ich das hier wirklich verdient habe.

Folgendes habe ich mit den Jahren über die Delfine erfahren. Teils habe ich mein Wissen von meinen Lehrern, teils von meinen Praktika bei Delfin-Organisationen, aus Büchern und Nachforschungen. Und teils besteht es aus dem, was die Delfine mir erzählen, wenn ich ihnen zuhöre.

Delfinmagie

»Wir sind Engel und Heiler des Ozeans. Deswegen wollen uns jedes Jahr Millionen von Menschen sehen, deswegen fühlen sie sich magisch von uns angezogen.

Vielleicht rufen eure Seelen, eure Träume euch zu uns. Ihr bildet euch das nicht ein, es ist real. Wir kommunizieren telepathisch mit euch.

Wir können bis zu fünf Klick- und Schnatterlaute gleichzeitig von uns geben. So erschaffen wir piktografische Hologramme. So kommunizieren wir miteinander, und so kommunizieren wir mit euch. Wenn ihr Träume und Visionen von uns habt, kann könnt ihr diesen Bilder trauen. Oft senden wir sie euch.

Kein Säugetier auf der Welt hat im Verhältnis zu seiner Körpermasse ein so großes Gehirn wie wir und unsere Cousins, die Wale. Der denkende und assoziative Gehirnbereich ist bei uns um vierzig Prozent größer als bei euch Menschen. Ja, wir sind klüger als ihr!

Wir verfügen über ein Echoortungs-Kommunikationssystem, mit dem wir in euch hineinsehen können wie mit Röntgenstrahlen. Nicht grundlos investieren alle großen Militärstreitmächte dieser Welt jährlich Millionen von Dollar in die Untersuchung unseres Kommunikationssystems und unseres inneren Echolots. Sie wissen, wie fortschrittlich beides ist, sie wissen, dass es sich um Raumzeitaltertechnologie handelt, und deswegen versuchen sie, uns zu kopieren.

Wir bringen Geräusche hervor, die ihr nicht hören könnt. Aber wenn ihr einfühlsam seid, könnt ihr sie mit eurem Gleichgewichtsorgan und dem Sacculus, der sich in euren Ohren befindet, spüren. So könnt ihr sehr feine Bewegungen wahrnehmen. Die Geräusche und Frequenzen, die wir absondern, sind von der Stärke her mit medizinischen Ultraschallgeräten vergleichbar. Der Unterschied besteht darin, dass wir keine Maschinen sind.

Mit unseren mächtigen Geräuschen können wir die genetische Doppelhelix in eurem DNS-Code stimulieren. Dort schlummert euer Potenzial; wenn es aktiviert wird, erinnert ihr euch an euren Seelenzweck. Der größte Teil eurer DNS, etwa 98 Prozent, wird nicht genutzt. Die DNS, die Blaupause des Lebens, wird durch Schall und elektromagnetische Felder aktiviert, so wie sie von uns und unseren Cousins, den Walen, erzeugt werden. Wir verändern eure Gene stärker als jede Chemikalie oder Droge.

All das geschieht unter Wasser, in unserem Lebensraum, der in elektrochemischer Hinsicht dem menschlichen Blutserum ähnelt. Wasser ist ein hervorragender Leiter für Vibrationen und Frequenzen. Das verstärkt die energetischen Effekte.

Auch bioakustisch und elektromagnetisch übertragen wir Informationen, die wir durch die Wassermoleküle auf euch downloaden. Auch sie formen die elektromagnetische Matrix der DNS. Diese hydroelektrischen Strukturen haben die Form von Pyramiden, Sechs- und Fünfecken und regeln Heilprozesse.

Dieser Informationsdownload und die Stimulierung der ungenutzten Bereiche eurer DNS, die Kontakt zwischen euch und eurer Lebensaufgabe herstellen, sind der Grund dafür, dass so viele Menschen, die uns in der freien Natur begegnet sind, plötzlich ihr Leben verändern oder neue Energie haben.

Auch der Erde helfen wir auf diese Weise. Oft schwimmen wir in geometrischen Formationen und Mustern, die denen hydroelektrischer Strukturen ähneln, um unserem Planeten dabei zu helfen, sein Gleichgewicht wiederherzustellen und zu heilen.

Genauso wie manche Menschen sind wir Channel für Reiche in höheren Frequenzen. Weil wir solche hohen Frequenzen wahrnehmen können, können wir Delfine und Wale uns frei in der unsichtbaren Welt bewegen. Wir sind der Matrix sehr nahe, der Quelle, der Energie hinter allem, was ist. So können wir bei unseren Begegnungen mit euch Informationen von dort auf euch downloaden.

Deswegen ist es so wichtig, dass ihr die Informationen, die ihr erhalten habt, nach unseren Begegnungen integriert. Legt euch hin, begebt euch in einen entspannten Traumzustand und lasst eure Seele den Rest erledigen.

Aus diesem Grund fühlen sich so viele von euch Erdlingen zu uns hingezogen. Ihr spürt all das, ihr fühlt, dass wir euch bei eurer Entwicklung helfen können.

Vergesst dabei aber nicht, dass alles ein Spiel ist. Habt Spaß, genießt es! Ihr fühlt euch wohl und seid glücklich, nachdem ihr uns begegnet seid. Ihr hattet einen Endorphinstoß, weil ihr Spaß mit uns hattet – und auch, weil wir euren Gehirnzustand mit unseren Frequenzen beeinflussen. Deswegen können wir auch Menschen mit Depressionen, einer der unter euch am weitesten verbreiteten Krankheiten, in ihrem Heilungsprozess unterstützen.

Die Jagd nimmt nur einen kleinen Teil unserer Zeit in Anspruch, und selbst das tun wir spielerisch; für uns ist es keine Arbeit. Den Rest unseres Tages haben wir Spaß miteinander und am Leben. Wir reiten auf den Wellen wie viele von euch Menschen. Wir springen herum, manche von uns drehen sich dabei sogar.

Wir lieben die Freude und kämpfen wenig. Unsere jüngeren Männchen raufen sich, um ihre Stärke auszutesten. Dazu schließen sie sich zu kleinen Banden zusammen und entfernen sich von der Hauptgruppe. Wenn sie voll ausgewachsen und sich ihrer Stärke bewusst sind, kehren sie friedlich wieder in die Herde zurück.

Niemals lassen wir unsere Alten, Kranken und Schwachen zurück. Wir trauern und feiern auch. Und wie ihr Menschen haben wir Hebammen. Wir können euch Menschen dabei helfen, eure emotionale Intelligenz zu steigern und empathischer zu werden.

Wir sind eine Gemeinschaft, in der Individualität keinen Widerspruch bedeutet. Das Meer ist unser Lehrer: Es gibt dort kaum Schwerkraft, dafür aber Freiheit – doch diese Freiheit hat eine Ordnung. Für uns ist es ganz normal, umherzustreifen und auf Reisen zu gehen, zuweilen für viele Jahre. Manchmal verbringen wir Zeit mit anderen Gruppen, manchmal sind wir die ganze Zeit über allein. Wenn wir zurückkehren, sind wir willkommen.

Wir lieben es, zu kuscheln und Liebe zu machen. Wenn ihr uns beobachtet, könnt ihr sehen, dass wir einander permanent berühren. Es fühlt sich einfach gut an. Jeder Körper, jede Zelle sehnt sich nach Zärtlichkeit und Berührungen.

Jede Zelle hat ein Herz, und wenn ihr liebt, glühen eure Zellkerne. Alles, was ihr erfahrt, wird in eurem Körper gespeichert. Negative Erfahrungen, die in euren Zellen abgelagert wurden, können Krankheiten verursachen, wenn sie nicht voller Liebe berührt werden, wodurch sie sich wieder entspannen. Schenkt euren Körpern diese Liebe und diese zärtlichen Berührungen.

Ihr Menschen begreift langsam, dass es auf der Erde möglicherweise intelligentere Wesen als euch gibt. Also beobachtet ihr uns, um zu lernen und euch zu erinnern.

Es gibt sogar eine spirituelle Bewegung, die in direktem Zusammenhang mit Delfinen und Walen steht. Aber sie hat immer schon existiert. Die Angehörigen eines Aborigine-Stammes in Nordaustralien glauben, dass sie unsere direkten Nachfahren sind – und das sind sie tatsächlich. Ein anderer australischer Stamm, die »Delfinmenschen«, glauben, dass ihr Schamane ein Delfin sei. Die Maori nennen uns und die Wale »Meermenschen«. Oder die alten Griechen: Eine der irdischen Erscheinungsformen des Gottes Apoll war ein Delfin. Der berühmte Tempel in Delphi war ein Ort, den die Menschen aufsuchten, um Visionen und Heilung zu erfahren.

Wir helfen euch zu heilen. Es gibt die DAT, ›dolphin assisted therapy‹ (dt. ›delfingestützte Therapie‹), bei der kranke und gehandikapte Menschen zu uns kommen.

Der gut dokumentierte Fall des Babys, das an Mikrozephalie litt, hat euch in Erstaunen versetzt. Bei dieser Krankheit hört der Schädel auf zu wachsen. Eure moderne Medizin hat bislang keine Heilmethode für dieses Leiden entwickeln können.

Die Eltern brachten ihr krankes Baby im Rahmen des DAT-Programms zu uns Delfinen. Eine Woche lang waren mehrmals täglich drei Delfine bei dem Kind. Natürlich wussten die Delfine, was zu tun war, weil sie das Baby scannten und so die energetischen Blockaden erkennen konnten.

Immer wieder richteten sie ihre Sonarfrequenzen auf die Schädelbasis und das Rückgrat des Babys. Nach einer Woche fing sein Schädel wieder an zu wachsen.

Unsere akustische und elektromagnetische Wirkung auf euren Körper erklärt, wie solche ungewöhnlichen Heilungen zustande kommen können. Wir nutzen unsere natürliche Biotechnologie, um die Menschen in unserer Nähe sonogenetisch zu heilen.

Wir mögen es, Menschen zu helfen. Auf der ganzen Welt führen wir Fischer zu Fischschwärmen. Schon immer haben wir Schwimmende vor dem Ertrinken oder Haiangriffen gerettet. Wir mögen euch Menschen und sind gern mit euch zusammen.

Unsere Medizin für euch sind Freude, Liebe und Freundlichkeit. Das Leben in eurer Welt ist oft hart. Ihr Menschen habt vergessen, wie schön es ist, zärtlich und sanftmütig zu sein, so wie man mit einem Baby umgeht. Wir erinnern euch an diese Sensibilität und bringen euch Freude und Frieden.

Auch unsere Atmung ist heilsam für euch. Wir nutzen unsere Atemluft zu einhundert Prozent, weil wir sie zum Überleben brauchen; wir sind Säugetiere und können unter Wasser nicht atmen. Wenn wir an die Oberfläche aufsteigen und tief einatmen, um unsere Zellen mit genug Sauerstoff für den nächsten Tauchgang anzureichern, lassen wir alle Spannungen los. Wir erinnern euch daran, ebenfalls tief durchzuatmen und nicht vor Stress und Angst die Luft anzuhalten. Atmet alles aus!

Auch aus der Weise, auf die wir tauchen, könnt ihr lernen. Wir tauchen sehr tief, schwimmen dann aber ganz schnell wieder an die Wasseroberfläche zurück. Das zeigt euch, wie man ungesunde Muster in seinem Leben verändert und die Perspektive wechselt, wenn man feststeckt und erstarrt ist. Außerdem zeigt es euch, dass ihr gleichzeitig tief in eurer Seele und verspielt an der Oberfläche sein könnt; dies schließt einander nicht aus.

Bitte besucht uns in der Natur, wo wir frei sind. Filme wie Flipper und Delfinarien verbreiten falsche Informationen über das Wesen von Delfinen und machen Menschen unsensibel für die Umwelt. In einem Delfinarium zu leben ist für uns erniedrigend, so wie es für einen Bären erniedrigend ist, angekettet in einem Käfig Kunststückchen mit einem Ball vorführen zu müssen. Wir sind daran gewöhnt, im Meer zu schwimmen, frei und wild zu leben. In ein kleines Becken gesperrt zu sein ist schrecklich für uns und verringert unsere Lebenserwartung um die Hälfte.

Wir mögen es auch nicht, von Menschen gestreichelt zu werden, die wir nicht kennen. Unser Lächeln ist irreführend, es ist die natürliche Form unseres Gesichts. Es bedeutet nicht, dass wir es mögen, von Fremden berührt zu werden. Würdet ihr es mögen, von Leuten liebkost zu werden, die ihr noch nie zuvor gesehen habt?

Wenn ihr also unseren Ruf hört, folgt ihm bitte und besucht uns in unserem natürlichen Zuhause: dem Meer. Und wenn ihr dort mit uns schwimmt, jagt uns nicht – wir sind sowieso schneller!

Bitte berührt uns nicht, wenn wir nahe an euch herankommen, denn dann werden wir wieder wegschwimmen. Wenn wir es wollen, berühren wir euch. Uns ist klar, dass ihr aufgeregt seid und das Bedürfnis habt, uns nahe zu sein. Ihr könnt ein wenig in unsere Richtung schwimmen. Aber dann haltet an – wir werden zu euch kommen.

Unser Rhythmus ist derselbe, den alles auf der Erde hat: Kommen und Gehen, die Gezeiten, die Atmung. Und ihr Erdlinge – auch ihr zieht euch zurück, wenn euch jemand jagt.

Es ist besser, wenn ihr uns telepathisch ruft; wir werden kommen. Wenn wir nicht mit euch schwimmen wollen, dann tun wir es auch nicht – das könnt ihr uns glauben!

Geht einfühlsam damit um, wenn wir schlafen. Ihr könnt es daran erkennen, dass wir tief unter der Oberfläche in Formation schwimmen und nur für kurze Momente hochkommen, um zu atmen. Dann tauchen wir gleich wieder in die Tiefe.

Viele von euch fragen sich, ob wir extraterrestrische Geschöpfe sind. Eigentlich spielt es keine Rolle – aber ja, wir sind mit den Sternen und den Sternenwesen verbunden, mit vielen Planeten und Sternbildern. Genauso wie ihr sind wir mit allem, was ist, verbunden; und genau daran erinnern wir euch. Genauso wie ihr ist alles im Universum lebendig und hat eine Seele, eine Essenz. Die Erde ist für uns alle eine Etappe auf unserer Reise; gemeinsam treiben wir auf ihr durchs Universum.

Sie ist so schön, diese Erde, dieser Blaue Planet. Schützt und respektiert und ehrt unseren Planeten, uns, das Wasser – euch selbst!«

21

Pele – Vulkan

In der Zeitung lese ich von den Atomtests im Südpazifik. Ich weine, Tränen laufen meine Wangen herab. Gerade noch am selben Morgen hatte ich so eine schöne Begegnung mit den Delfinen.

Ich beobachte zwanzig Delfine in einem Knäuel, die miteinander spielen und kuscheln, wunderschön und friedlich. Sie spielen weiter, nehmen mich nicht wahr. Dann kommen sie langsam auf mich zu und ziehen mich in ihre Gruppe.

Ich bin von zwanzig Delfinen umgeben, ich kann spüren, wie einige von ihnen mich streifen, ihre Atemblasen kitzeln meinen Körper. Sie könnten mich ganz leicht zerquetschen oder verletzen, aber ich habe niemals Angst, sie sind so sanftmütig. Obwohl sie sich viel bewegen, tun sie mir nicht weh.

Ich fühle mich vollkommen eingehüllt in ihre Liebe und lasse mich dankbar in diesen Raum fallen.

Als ich die Zeitungen lese, fühle ich einen stechenden Schmerz in meinem Körper. Es ist, als ob ich selbst von einer Bombe getroffen worden sei. Vor meinem inneren Auge sehe ich die Delfine und Wale, wunderschöne Fische, farbenprächtige Korallen, so viel Leben: getötet von Bomben.

Siebzig Prozent der Oberfläche unseres Planeten ist von Wasser bedeckt, derselbe Wasseranteil wie in unseren Körpern, in unserem Blutplasma. Wie sehr wir verbunden sind mit allem, was ist.

Der Großteil der Lebewesen auf diesem Planeten ist im Wasser zu Hause – von großen Ozeanen bis zu tiefen Seen, von gewaltigen Flüssen bis zu anmutigen Bächlein. Wir kommen aus dem Wasser, verbringen unsere ersten neun Lebensmonate im Fruchtwasser unserer Mutter. Wasser ist ein uraltes Nahrungsmittel, ist die Urmutter, ist reinigend.

Wenn wir dem Wasser schaden, schaden wir uns selbst. Wir brauchen es, um zu überleben. Ohne Wasser hat unsere DNS keine Struktur, unsere Zellen können nicht miteinander kommunizieren.

Wie konnten sie nur? Millionen von Lebensformen durch Atomtests zu töten, gar nicht zu reden von dem Atommüll, der die Entwicklung von gesundem Leben für Jahrhunderte unterbrechen wird.

Ich fahre zu dem Vulkan. Ich bin so wütend. Immer, wenn ich Dampf ablassen muss, gehe ich dorthin. Was für einen besseren Ort könnte es dafür geben: Ich befinde mich auf einer Insel mit dem aktivsten Vulkan der Welt. Während dieser Lebensphase bin ich oft wütend über die Welt im Allgemeinen, über die Gegebenheiten, darüber, wie Menschen behandelt werden. In meiner Vergangenheit ist eine meiner stärksten Antriebskräfte – neben der Liebe – schmerzvolle Wut. Mittlerweile hat diese Wut abgenommen und sich mehr und mehr in Mitgefühl verwandelt. Aber an diesem Punkt bin ich wütend.

Die aktivsten Vulkane der Erde befinden sich auf Hawaii. Gemessen vom Meeresboden aus, liegt hier der höchste Berg des Planeten, erschaffen von einem Vulkan. Hier befindet sich der Berg mit der größten Masse weltweit, erschaffen von einem Vulkan. Das ist eine Menge Energie – oder, wie man es im hawaiianischen *huna* nennt, *mana* – Lebenskraftenergie.

All die Vulkane sind um eine geografische Breite von 19,5 Grad herum angesiedelt, die ein Schlüsselpunkt im Universum zu sein scheint. Wenn man in irgendeine Sphäre – ganz gleich welches Planeten – ein dreidimensionales Dreieck zeichnet, liegt einer seiner Eckpunkte stets auf einer geografischen Breite von 19,5 Grad.

Das Auge des Sturms, eine gewaltige, konstant strudelnde Energiemasse auf dem Jupiter, groß genug, um die Erde aufzusaugen, befindet sich ebenfalls auf einer geografischen Breite von 19,5 Grad. Der größte bekannte untätige Vulkan unseres Sonnensystems, der auf dem Mars liegt und dessen Spitze drei Mal so groß ist wie der Fuß des Mount Everest, liegt auf derselben geografischen Breite.

Abgesehen von den natürlichen Vulkanen auf Hawaii befinden sich auf der Erde auch künstliche Monumente auf diesem Breitengrad: die Große Sphinx in Ägypten und die antike Sonnen- und Mondpyramide in Mexiko. Man weiß, dass diese alten Zivilisationen einen hohen Wissensgrad über Technologie, die Sterne und das Universum erreicht hatten. Der hawaiianische Tempel, der als »Pfad der Götter« bezeichnet wird, liegt ebenfalls auf einer geografischen Breite von 19,5 Grad. Der Legende zufolge sind die Götter dort mit ihren Schiffen aus den Himmeln gelandet.

Es gibt keine wissenschaftliche Erklärung oder Theorie zu diesem Phänomen. Ich persönlich glaube, dass der 19,5-te Breitengrad ein natürliches Portal in andere Sphären, Dimensionen und die unsichtbare Welt ist. Das würde erklären, warum alte Zivilisationen auf seiner Linie Pyramiden und Tempel errichteten.

Auf Hawaii begegne ich seit meiner ersten Reise hierher oft der unsichtbaren Welt und Geistwesen. Eine meiner klarsten Begegnungen habe ich jetzt, auf dem Vulkan.

Ich wandere über einen Kraterboden. Der Vulkan dort ist nicht erloschen, aber es ist ungefährlich, hindurchzulaufen. Ehe ich mich auf den Weg mache, bringe ich Pele ein Opfer dar. Pele ist die Göttin des Feuers und der Leidenschaft und lebt in diesem Vulkan. Sie hilft den Menschen, ihr Lebensfeuer wieder zu entzünden, ihre Lebensaufgabe zu finden und das Leben voll auszuschöpfen. Ich bete zu Pele, erzähle ihr von meiner Wut über die Atomtests und bitte sie, mir dabei zu helfen, diese Wut in eine nützlichere und positivere Energie umzuwandeln.

Innerlich koche ich, als ich durch den Krater laufe. Die Landschaft reflektiert meinen inneren Zustand: heißer Dampf, der aus dem Boden dringt, Lavagestein in allen Schattierungen von Grau und Schwarz, keine Pflanzen. Das hier könnte auch eine Landschaft in der Hölle sein. Ich liebe sie; sie ist von einer ganz eigenen, urwüchsigen Schönheit.

Irgendwo in der Mitte des Kraters spüre ich plötzlich die Anwesenheit mehrerer Spirits. Ich kann sie nicht sehen, aber fühlen. Sie sagen mir, dass ich anhalten und mich auf einen großen Stein setzen soll. Plötzlich schießen Schmerzen durch meinen Kopf und mein Rückgrat bis in meinen Po; es sind gute, reinigende Schmerzen. Die Spirits reinigen meine Chakras von unten bis oben, oben bis unten, wie Kaminfeger. Sie sagen mir, dass ich stillhalten soll.

Es dauert eine ganze Weile, mindestens eine Viertelstunde. Dann, so schnell wie sie erschienen sind, verschwinden die Spirits wieder. Dort, wo sie mich gereinigt haben, fühle ich mich ein wenig taub und wund – aber mein Zorn ist weg. Stattdessen empfinde ich Mitgefühl, Frieden und große Liebe für alle Geschöpfe.

Ich komme zu der Einsicht, dass die Menschheit bei ihrem Versuch, ein Gleichgewicht auf der Erde herzustellen, nicht nach Sündenböcken suchen darf. Diejenigen, die Atombomben testen, Ölpesten oder radioaktive Lecks verursachen, tun das letztlich nur, um astronomische Geldhaufen anzuhorten, die sie nie im Leben selbst werden ausgeben können. Ihre Handlungen werden durch Gier und fehlgeleitete Macht motiviert.

Man muss ihre Verlustangst bedenken, ihnen sagen: »Ihr werdet etwas verlieren, aber das sind nur Zahlen auf Papieren und Monitoren. Ihr werdet nicht all euren Besitz aufgeben müssen; auch wenn ihr etwas dafür tut, dass die Welt ein besserer Ort wird, wird noch genug für euch übrig bleiben. Dann ist auch für die breite Masse ein höherer Lebensstandard möglich. Auf der Welt gibt es genug Reichtum für alle.«

Ich danke den Spirits und Pele für diese Einsicht und die Verwandlung meiner Energien und hinterlasse ihnen ein Tabakopfer. Diese Heilung ist für mich eine tiefgehende Erfahrung.

Obwohl ich als natürliche menschliche Reaktion auf Ungerechtigkeit und in Augenblicken des Ungleichgewichts noch immer manchmal zornig bin, hat dieses Erlebnis einen großen Teil meiner schmerzhaften Wut umgewandelt.

In dieser Nacht zelte ich in dem Nationalpark, in dem sich der Vulkan befindet. Ich will nahe bei dem Feuer und bei Pele sein. An diesem Abend, in der Dunkelheit, wandere ich zu den fließenden Lavafeldern, wo Besucher erlaubt sind. Ich beobachte die glühende rote Lava auf ihrem Weg durch die Schwärze der Nacht.

Stunden später, nachdem all die anderen Besucher gegangen sind, nehme ich meine Decke und lege mich in sicherer Entfernung zum Lavafeld hin. Während ich einschlafe, sehe ich wieder der Lava zu, wie sie langsam die Bergflanke hinabfließt. Heiße, rote, geschmolzene Lava, die Ursuppe, verwandelt sich in festen schwarzen Vulkanstein. Erde erschafft sich selbst aus dem Nichts, aus der Allheit der Quelle, wird sichtbar.

Nicht nur auf Hawaii gibt es Spirits; sie sind immer um uns herum, warten nur darauf, dass wir sie rufen und wieder mit ihnen arbeiten. Lange Zeit hatten sie nichts zu tun, weil die Menschen die Verbindung zur Quelle vergessen haben, und auch, wie leicht es ist, mit Spirits zu kommunizieren. Oft bin ich überrascht, wie schnell sie reagieren, wenn ich sie anrufe und um Hilfe und Unterstützung bitte, obwohl ich genau weiß, wie es funktioniert. Es klappt wirklich, ich kann es an den Ergebnissen in meinem eigenen Leben und dem anderer Leute sehen.

Genau dafür sind viele dieser Wesen da – um uns zu helfen und jeden von uns auf seinem Weg zu begleiten. Sie können uns dabei unterstützen, mit den Herausforderungen und Lebenslektionen, denen wir auf unserem Weg begegnen, zurechtzukommen. Und auf seinem Lebensweg die Hilfe von Spirits zu erhalten, macht Spaß.

Auf unserem Weg geht es auch darum zu lernen, im Gleichgewicht mit uns selbst und unserer Existenz zu leben. Allen Menschen wohnen nicht nur Gefühle der Liebe und der Freude inne, sondern auch Schmerz, Wut, Hass und Gier. Auch ich habe damit zu kämpfen, besonders wenn ich glaube, dass ich gegenüber einer anderen Person im Recht bin. Das ist Teil des Menschseins; jeder muss das durchmachen, und es hört niemals wirklich auf, selbst wenn mit den Jahren Weisheit dazukommt.

In dem Augenblick, in dem ich diese Gefühle akzeptiere und aufhöre, gegen sie anzukämpfen, lösen sie sich auf. In seinem Lied »Second Chance« singt der Musiker Miten davon: »*Embrace your anger, your lust and your greed, that's how we drop the things that we don't need. Make peace with your mother and your father too, make peace with the stranger inside of you. And we all come and go like waves in the sea, each with our own responsibility, to leave this world more beautiful than we found it.*«

Umarme deinen Zorn, deine Wollust und deine Gier, so lassen wir die Dinge los, die wir nicht brauchen. Schließe auch Frieden mit deiner Mutter und deinem Vater, schließe Frieden mit dem Fremden in dir. Und wir alle kommen und gehen wie Wellen im Meer. Jeder von uns trägt seine eigene Verantwortung, diese Welt in einem schöneren Zustand zu verlassen, als er sie vorgefunden hat.

Neben meinen Besuchen bei Pele und dem Vulkan kann ich meine negativen Gefühle nirgendwo so gut los- und Dampf ablassen wie in der Schwitzhütte.

Wassergießen

»Das Universum liebt Überfluss und Vielfalt; seine unendlichen Schöpfungen spiegeln diese Liebe wider. Nachdem es den Planeten Erde erschaffen hatte, schickte es deswegen einen seiner Helfer, um Leben zu kreieren und den wunderschönen Blauen Planeten zu bevölkern.

Der Helfer fing an mit Gestein und Mineralen – Kristalle und Steine aller Farben und Formen. Danach kamen die Pflanzen – Bäume und Obst, Büsche, Blumen, Gemüse, Heilkräuter. Dann wurden die Tiere erschaffen – die Krabbeltierchen, die Geflügelten, die Wasserbewohner und die Vierbeiner an Land. So voller Leben war die Erde sogar noch schöner. Danach erschuf der Helfer die Menschen, auch sie in vielen verschiedenen Gestalten, Größen und Farben.

Der Helfer liebte die Schönheit dieses Planeten so sehr, dass er die Quelle fragte, ob er bleiben und hier leben könne. Die Quelle – deren Wunsch es ist, dass alles Leben in Überfluss und voller Freude gedeiht – erlaubte es gern. Also lebte der Helfer unter den Menschen. Zusammen erfreuten sie sich an dem Überfluss an gutem Essen auf dem Planeten. Sie errichteten Häuser, die ihnen Wärme schenkten, und lebten in Harmonie mit allem und jedem um sie herum. Sie genossen die Gesellschaft der anderen, liebten einander und gediehen. Und so verging eine lange Zeit.

Doch es kam der Moment, in dem der Helfer eine Veränderung bemerkte. Irgendwie fühlte sich all das nicht mehr so gut an. Als er über die Gründe dafür nachdachte, fand er die Antwort. Während die Körper der Menschen zuvor gesund und stark gewesen waren, gab es nun Krankheiten. Wo es früher Liebe und Offenheit, Freude am Teilen und Gemeinschaft gegeben hatte, herrschten nun Wut, Missgunst, Gier, sogar Hass. Wo all diese wunderbaren Verstande einst von Klarheit und Verständnis erfüllt gewesen waren, gab es nun Verwirrung und Zweifel.

Aber das Schlimmste war, wie der Helfer beobachtete, dass die Menschen ihre einstige Verbindung zur Quelle und ihre Erinnerung daran, woher sie eigentlich kamen, verloren hatten. Sie vergaßen sogar, dass diese Verbindung existierte. Sie vergaßen das Göttliche.

Als der Helfer diese Veränderungen bemerkte, wurde er sehr traurig. Er ging in die Berge, um die Quelle zu fragen, was zu tun war. Nachdem er lange Zeit gelaufen war, fand er eine kleine Höhle, in der er sich niederließ. Er saß am Eingang und sah die Bergflanke hinab ins Tal.

Während er von oben all die Schönheit der Erde betrachtete, fragte er das große Mysterium, was geschehen war. Aber es kam keine Antwort. Das verwirrte ihn, denn die Quelle hatte immer zu ihm gesprochen, hatte ihn doch sogar auf die Erde geschickt, um Leben darauf zu erschaffen. Er fragte erneut, was er tun könne. Wieder kam keine Antwort.

Der Helfer verfiel in tiefe Depressionen. Er saß viele Stunden und Tage lang da, versuchte wieder und wieder, eine Verbindung zur Quelle zu finden, betete um eine Antwort. Doch noch immer kam nichts.

Die Tage wurden kälter, also musste der Helfer in der kleinen Höhle ein Feuer anzünden. Er verschloss den Eingang mit Decken, damit die kalte Luft nicht hereinzog. Allein saß er da am Feuer, aber noch immer kam keine Antwort von der Quelle. Das war mehr, als er ertragen konnte, und er brach in Tränen aus, weinte und schluchzte tief.

Seine Tränen platschten auf einige heiße Steine neben dem Feuer, und Dampf stieg auf. Der Dampf fühlte sich gut an, genauso wie die Tränen. Und der Helfer vergoss weitere Tränen auf die Steine, und mehr Dampf stieg auf. In der kleinen Höhle wurde es sehr heiß. Der Helfer begann zu singen und zu beten, um die Quelle anzurufen, und legte Heilkräuter auf das Feuer.

Während er schwitzte, quollen nicht nur Tränen aus ihm heraus, sondern auch all die schlechten Gefühle und Gedanken, die er in sich trug. Und wie er so schwitzte, konnte er plötzlich die Quelle wieder hören. Erst nur als Flüstern, aber bald darauf laut und klar.

»Du hast die Antwort auf deine Frage gefunden«, sagte die Quelle. »Bringe den Menschen bei, auf diese Weise zu schwitzen, damit ihre Körper, ihre Gefühle und ihr Verstand gereinigt werden können. Dann werden sie mich wieder hören und sich an mich erinnern.«

Der Helfer war außer sich vor Freude und dankte der Quelle. Er kehrte zu den Menschen zurück und erzählte ihnen, was geschehen war. Von da an trafen sich die Menschen regelmäßig in der Schwitzhütte.«

In diesem Moment sitzen wir in der Schwitzhütte, und gerade haben meine Lehrer diese Geschichte erzählt. Die Schwitzhütte ist ein kleines, rundes Gebilde aus Zweigen, das mit mehreren Stoffschichten bedeckt ist. In der Mitte befindet sich ein Loch im Boden, in das glühend heiße Steine gelegt werden, von einem großen Feuer vor der Hütte. Auf diese Steine werden Kräuter gestreut und heißes Wasser gegossen.

In der Hütte ist es feucht, voller Menschen, stockdunkel und dampfend heiß. Die Schwitzhütte symbolisiert die Gebärmutter von Mutter Erde, einen heiligen Raum. Indem wir ihn betreten und schwitzen und beten, werden wir gereinigt und wiedergeboren, wie ein Baby. Der Verstand, der Körper, die Gefühle und die Seele werden auf null gestellt: Man ist gut; man ist voller Liebe und liebenswert, man wird geliebt.

Schon seit Jahren besuche ich Schwitzhütten. Jetzt lerne ich selbst, eine Wassergießerin zu sein - eine, der erlaubt ist, das Wasser auf die heißen Steine zu schütten und die Menschen darin zu unterstützen, zu schwitzen und zu reinigen. Dadurch werde auch ich selbst gereinigt und geheilt.

Im *inipi*, wie die Schwitzhütte auch genannt wird, stärken und reinigen wir den Körper von innen. Wir beten für unsere eigene Gesundheit, aber auch für die anderer Menschen und der

Erde – ihrer Pflanzen, Steine und Tiere. Wir bitten darum, dass all das heilt, was wir der Erde und einander antun: Gewalt, Kriege, häusliche Gewalt. In der Schwitzhütte kann man alles aus sich hinausschreien. Für viele Menschen bedeutet es eine große Erleichterung, im Schutz der Dunkelheit, wo niemand sieht, wie sie schreien und weinen, einfach alles herauszulassen.

Dann stellen wir uns die Erde in ihrer Schönheit, Stärke und Pracht vor – mit all den Geschöpfen und Pflanzen und Menschen darauf, auch uns selbst. Wir versprechen, aufeinander zu achten.

Wir, die wir das Wasser gießen, sagt der Lehrer, sind nicht besser als die Teilnehmer – es ist einfach nur unsere Rolle. Wir sitzen alle in einem Kreis. Jede Person hat etwas anderes zu geben und zu lernen, auch der Wassergießer.

So ist auch der ausgewogene Weg aller Anführer gedacht: Politiker, Heiler, Ärzte. All diejenigen, die Wortführer und an der Macht sind. Das bedeutet es, sich in Harmonie mit der Quelle zu befinden: Wir sind ein Kreis, ohne Anfang, und niemals endend.

Den gesamten nächsten Tag verbringe ich als Teil meiner Ausbildung in der Natur, um der Quelle nahe zu sein. Wir unternehmen mehrere dieser ganztägigen Medizinwanderungen, wie sie genannt werden. Es sind keine wirklichen Wanderungen, sondern eher ein Sichtreibenlassen, bei dem man sich von der eigenen inneren Weisheit und Intuition leiten lässt. Man betritt den heiligen Raum von Mutter Erde, die unsichtbare Geistwelt. Jedem, der sich ihr öffnet und in ihrem Buch der Natur liest, offenbart die Erde zahlreiche Heilmittel. Bei jeder Medizinwanderung stellen wir der Quelle eine bestimmte Frage, beispielsweise welchen Teil unserer selbst wir heilen müssen oder was unser nächster Schritt auf dem Weg zum Wassergießer ist. An diesem Tag geht es um die Frage, ob das hier wirklich unsere Bestimmung ist. Diese Frage habe ich mir selbst schon viele Male gestellt; Wassergießer zu sein bedeutet viel Verantwortung und harte körperliche Arbeit.

23

Tiermedizin

Auf meiner Wanderung sehe ich bald eine große Gruppe Hirsche. Sie sind auf der anderen Seite einer Lichtung. Ich bleibe stehen. Wir beobachten einander minutenlang. Ich fühle ihre Sanftheit, ihre Wachsamkeit.

»Sei freundlich«, sagen sie zu mir. »Sei präsent und wachsam, was in der Schwitzhütte geschieht. Deine Sanftheit, deine Weiblichkeit ist deine Kraft, deine Gabe.« Dann laufen sie in den Wald. Sie erinnern mich an die Delfine, die genauso schnell ins Nichts des Ozeans verschwinden können.

Ich gehe weiter, und bald höre ich den durchdringenden Schrei eines Falken. Ich blicke hoch und sehe den wunderschönen Vogel ganz in meiner Nähe in den Wald fliegen. Ich gehe in seine Richtung. Nach ein paar Minuten entdecke ich ihn, er sitzt auf einem Zweig dicht über dem Boden. Ich betrachte ihn, will ihn nicht verängstigen. Er nimmt mich wahr, fliegt aber nicht weg. Mit geneigtem Kopf sitzt er da, bewegt ihn ab und zu.

»Komm her«, sagt er zu mir. Langsam gehe ich auf ihn zu. Ich setze mich in seine Nähe, blicke hoch zu ihm auf seinem Zweig. Er sieht zu mir herunter und scheint kein bisschen nervös zu sein.

Einer meiner Lehrer hat gesagt, dass die Tiere fühlen, dass man sich auf einer anderen Schwingungsebene bewegt, wenn man als

Betender eine heilige Wanderung durch die Natur macht und die Quelle um Rat bittet. Dass sie zutraulicher sind als sonst, weil sie spüren, dass man auf positive Weise mit ihnen und der Quelle verbunden ist.

Ich habe diese Erfahrung wiederholt gemacht. Als ich einmal mit einigen Leuten eine Sommersonnenwend-Zeremonie in einem Wald abhielt, näherte sich uns eine Hirschkuh mit ihrem Jungen. Die ganze Zeremonie über hielten sie sich nur wenige Meter von uns entfernt auf. Sobald die Zeremonie vorbei war, benahm sich die Hirschkuh wieder so, wie es Wildtiere – besonders mit ihrem Nachwuchs – normalerweise tun: Sie lief davon.

Während ich jetzt dasitze und den Falken beobachte, kommt plötzlich ein weiterer angeflogen und setzt sich neben den ersten. Sie sehen mich an. Ich erhalte ein Teaching von ihnen, einen Download von Wissen und Informationen. Dass ich auf dem richtigen Weg bin, dass es mir bestimmt ist, das hier zu tun. Sie teilen mir meinen Medizinnamen mit.

Dieser Name verrät, welche Heilungs- und Seeleneigenschaften man hat – das wahre Ich, das man tief in sich trägt. Er kann auf vielen Wegen zu einem kommen, von der Natur oder von Lehrern. Ihn zu erhalten ist ein wertvolles Geschenk, und so sollte er auch behandelt werden – mit viel Liebe und Aufmerksamkeit. Man selbst muss entscheiden, wem man ihn mitteilen möchte.

Dankbar sitze ich da, lausche, was mir die Falken noch zu sagen haben. Tiere sind Boten. Sie geben Zeichen, schenken einem Talente und machen uns durch ihre Eigenschaften auf Lösungswege aufmerksam. Sie stärken die instinktive, elementare Kraft in uns allen. Jeder von uns trägt wilde, animalische Fähigkeiten in sich. Wir können viel von Tieren lernen. Welche Tiere erscheinen Ihnen? Sehen Sie sich ihre Eigenschaften und Fähigkeiten genau an. Die Tiere haben eine Botschaft für Sie. Das ist das Wesen von Tiermedizin und Krafttieren.

Jeder Mensch ist mit einem oder mehreren Krafttieren verbunden. Sie sind wie gute, unsichtbare Freunde, immer an Ihrer Seite. Sie sind ein Teil von Ihnen und verlassen Sie nie. Es kann jedes Tier sein – die Größe ist unwichtig. Ein Schmetterling ist winzig – aber in sich birgt er die wichtige Tiermedizin der Leichtigkeit und der Nähe zur unsichtbaren Welt.

Wichtig ist, dass Sie in engem Kontakt zu Ihrem Krafttier stehen und frei mit ihm sprechen. Wenn Sie Angst haben, sich in einer schwierigen Situation befinden oder sich schwach fühlen, dann können Sie Ihr Krafttier anrufen. Es wird sofort kommen, um Ihnen beizustehen, Sie zu stärken und zu schützen.

Die Falken über meinem Kopf sagen mir, dass ich mich in die Luft emporschwingen und mein Leben aus einer höheren Perspektive betrachten soll; dass ich ihre Flügel nutzen soll, um fortzufliegen, wenn mich die menschliche Existenz manchmal nach unten zieht. Ich singe ihnen ihr Lied vor:

Fliege wie der Adler
Der so hoch fliegt
Durch das Universum kreist
Mit Flügeln aus reinem Licht
Mit Flügeln aus reiner Liebe

Gemeinsam steigen sie auf und fliegen davon.

Ich habe viele Antworten erhalten. Wieder habe ich ein weiteres Öffnen erfahren, dass ich jetzt in der Schwitzhütte Wasser gießen darf. Die Erlaubnis dazu kann nur von der Quelle kommen – das haben uns unsere Lehrer beigebracht. Sie, als unsere Lehrer, können uns die Fähigkeiten vermitteln, uns auf Eventualitäten vorbereiten und uns zeigen, wo wir uns noch verbessern können. Aber die Verbindung zur Quelle und ihre Erlaubnis müssen wir selbst erlangen. Dafür gibt es keine Urkunde.

Scheidewege

Während meiner Schwitzhüttenausbildung arbeite ich noch als DJane und Moderatorin beim Radio. Es ist ein interessanter Job, den ich zusammen mit vier Kollegen mehr als sechs Jahre lang ausübe.

Das Programm ist dreistündig, wird täglich ausgestrahlt und dreht sich um Weltmusik und Kultur. Die Ziele sind Integration und Steigerung des Kulturbewusstseins.

Ich begegne interessanten Künstlern, Musikern und Aktivisten aus der ganzen Welt. Viele von ihnen sind berühmt, zum Beispiel der Buena Vista Social Club, Angelique Kidjo, Noa und Giora Feidman. Die Arbeit erscheint mir bedeutsam, weil sie die Köpfe und Herzen der Zuhörer öffnet.

Aber wie in jedem Bereich des Journalismus verfolgen die Verantwortlichen auch hier ihre Politik. Mein Chef steht, wie viele andere auch, hinter meinem Stil. Die »höhere« Programmleitung ermahnt uns, die Sendung in leichtem Tonfall zu halten und nicht zu tief zu gehen – um die Zuhörer nicht zu überfordern.

In allen journalistischen Bereichen, in denen ich arbeite, also Print, Radio und Fernsehen, bekomme ich das oft zu hören: Überfordert die Zuhörer, Zuschauer, Leser nicht. Diese Richtlinien hören niemals auf, mich zu irritieren. Für mich klingt das so, als würde man die Konsumenten letzten Endes für nicht sonderlich intelligent halten.

Ich habe immer schon einen Weg der Tiefe und Wahrheit verfolgt. Das liegt in meiner Natur; außerhalb meiner verspielten Momente interessiert mich nur das, was »echt« ist.

Ich glaube, dass Leser, Zuhörer und Zuschauer intelligent sind und genau wissen, wann etwas glaubwürdig klingt und wann nicht. Sie spüren es, wenn man ihnen Informationen vorenthält.

Sechs Jahre lang ist dieses Problem bei dem Radiosender für mich eine dauerhafte Herausforderung. Es ist ein beliebter Sender mit gebildeten Zuhörern aus aller Welt. Obwohl sie oft Fanbriefe schreiben oder anrufen, um meinen Stil zu loben, rät mir die in der Hierarchie am weitesten »oben« stehende Programmleitung immer und immer wieder, nicht zu politisch, zu spirituell zu werden.

Ich finde es ausgesprochen schwierig, keine politischen oder spirituellen Fragen zu stellen, wenn ein Chor aus zehn tibetanischen buddhistischen Mönchen zu Gast ist, der gerade eine Welttournee macht, um auf den Buddhismus und die politische Situation Tibets aufmerksam zu machen. Oder wenn pakistanische Sufi-Musiker kommen, deren gesamte musikalische Tradition auf einer spirituellen Lebenspraxis beruht. Oft fangen die Musiker auch ganz von allein an, über Politik oder Spiritualität zu sprechen. Mein Chef gibt immer sein Okay, er unterstützt mich und ist selbst politisch.

Nachdem ich jahrelang für den Sender gearbeitet habe, spüre ich, dass es an der Zeit ist, weiterzukommen. Ich befinde mich in einer Sackgasse, diese Straße wird mich dem, was mich interessiert, nicht mehr näherbringen.

Nach wie vor reise ich regelmäßig zu den Delfinen und Walen und besuche Lehrgänge in Reiki, schamanischen Heilungen, der Schwitzhütte und vielem mehr. Vielleicht ist jetzt der richtige Augenblick gekommen, auf diesem Gebiet zu arbeiten. Anfangen will ich mit Shiatsu – japanischer Akupressur. Gleichzeitig bin ich aber unsicher, ob es dafür nicht zu früh ist. Ich habe großen Respekt vor dieser Arbeit.

Während dieser Zeit habe ich eines Nachts ein weiteres Öffnen.

Ich schlafe. In meinem Traum wache ich davon auf, dass ich eine Präsenz hinter mir spüre. Die zwei Wesen treten an meine Seite, so dass ich sie sehen kann. Es sind kleine Gestalten in Umhängen. Als Kind habe ich sie schon einmal gesehen, beim Besuch meiner Sternenfamilie. Wieder fühle ich mich sicher, geliebt und wohl.

Sie stellen etwas mit meinem Kopf an. Es fühlt sich so an, als würden sie ihn öffnen. Ich empfinde keinen Schmerz, nur ein intensives Kribbeln und das Gefühl, dass meine Schädeldecke aufspringt. Sie halten eine Art Gerät an meinen Kopf, das wie ein Trichter aussieht.

Plötzlich kann ich das gesamte Universum sehen. Es ist gewaltig und wunderschön. All das fließt durch meinen Kopf hindurch, die ganze Weite und Vielfalt. Ich dehne mich vollständig aus, bin offen, voller Liebe und Vertrauen.

So geht es eine ganze Weile. Dann schließen die Geschöpfe meinen Kopf wieder. Die Sternenwesen verschwinden ins Nichts.

Ich erwache umgehend. Ich setze mich im Bett auf, berühre meinen Kopf. Er ist warm und pocht ein bisschen. Mir schießt der Gedanke durch den Kopf, dass nicht nur jeder Mensch ein Teil des Universums ist – sondern dass das Universum immer auch in jedem von uns ist. Ich fühle mich sicher, stark, beschützt. Ich schlafe wieder ein.

Am nächsten Tag bin ich wieder auf Sendung. Mein Gast stammt aus Brasilien, ein Musiker, dessen Einnahmen zum Teil an verwaiste, obdachlose Slumkinder gehen. Der Musiker will über Politik reden. Besorgt sehe ich meinen Chef durch das Studiofenster an. Wir haben uns über die Jahre gut kennengelernt, er versteht mich ohne Worte. Er hält die Daumen hoch – ich soll weitermachen. Ich weiß, dass er mich unterstützen wird, wenn die »höhere« Ebene später ins Spiel kommt.

Und so ist es auch. Nach der Sendung kommt der Programmchef herunter, um mit meinem Chef zu sprechen. Ich weiß, worum es in ihrer Diskussion hinter verschlossenen Türen geht – es ist immer dasselbe.

Normalerweise bin ich in solchen Momenten nervös und besorgt. Aber diesmal bin ich entspannt, gelassen. Noch immer hallt das, was in der Nacht geschehen ist, in mir nach – und ich begreife. Man hat mir grünes Licht dafür gegeben, meinen Job zu kündigen, und mir versichert, dass ich in meinem neuen Beruf gut aufgehoben sein werde. Die beiden Wesen haben Wissen und Informationen auf mich downgeloaded, und nun bin ich bereit und innerlich gewappnet.

Ich betrete den Raum, in dem mein Chef und sein Chef reden – und kündige, erkläre ihnen, dass es für mich an der Zeit ist, weiterzuziehen. Mein Chef versucht, mich zum Bleiben zu überreden, aber gleichzeitig versteht er meine Entscheidung.

Nach meiner Kündigung reise ich für eine Weile zu den Delfinen und Walen. Nachdem ich zurückgekehrt bin und anfange, Shiatsu und Reiki zu praktizieren, habe ich sofort Klienten. Bald biete ich auch die Schwitzhütte und schamanische Heilungsarbeit an. Ein paar Jahre später begleite ich zum ersten Mal Menschen zu den Delfinen und Walen.

Der Überfluss an Klienten ist niemals versiegt; manchmal sind selbst die Wartelisten meiner Gruppen voll. Ich liebe meine Arbeit und bin dankbar, dass ich den Himmeln helfen darf, mehr Licht, Liebe und Heilung auf diesen Planeten, unsere Erde, zu bringen.

Auf meine zehn Jahre im Print-, Radio- und Fernsehjournalismus blicke ich mit Stolz zurück. Sie waren interessant. Aber ich vermisse sie nicht. Das Leben ist ständig im Fluss, und es ist gut, mit diesen Veränderungen zu fließen statt irgendwo steckenzubleiben.

Als ich schon einige Monate in meinem neuen Beruf arbeite, begegne ich meinem alten Chef. Er hat sich mir gegenüber immer väterlich verhalten und sieht mich besorgt an. »Wie läuft es denn so?«

Als ich ihm erzähle, dass sich alles wunderbar entwickelt, sieht er erleichtert, gleichzeitig aber auch überrascht aus. Wie könnte ich ihm von der Sternenfamilie erzählen, die mich in der Nacht vor meiner Kündigung besucht hat, oder davon, dass ich wusste, dass alles gutgehen würde?

Sternenwesen

Sternenwesen existieren, daran gibt es keinen Zweifel. Nun fangen auch die politischen, wissenschaftlichen und ökonomischen Arenen der Welt an, sich auf diese Realität einzustellen.

Beispielsweise ernannten die Vereinten Nationen 2010 einen Beamten für den Erstkontakt mit extraterrestrischem Leben. Als Begründung wurde genannt, dass die National Science Foundation im selben Jahr offiziell verkündet hatte, man habe einen erdähnlichen Planeten im Universum entdeckt. Das macht es wahrscheinlicher denn je, dass die Menschheit irgendwann Leben entdecken wird, das nicht von der Erde stammt.

Astronomen haben aufgrund der statistischen Wahrscheinlichkeit schon lange damit gerechnet, irgendwann einen solchen Planeten zu entdecken. In der sogenannten habitablen Zone eines Sonnensystems sind die Hauptbedingungen für die Existenz von Leben erfüllt. Sie liegt genau im richtigen Abstand zur jeweiligen Sonne, nicht zu nahe, aber auch nicht zu weit entfernt. So ist es weder zu heiß noch zu kalt für flüssiges Wasser und Leben. Alles ist genau richtig. Genauso wie auf der Erde.

Wissenschaftler, die mit dem Weltraumteleskop *Kepler* arbeiten, haben bekanntgegeben, dass steinige, erdähnliche Planeten häufiger vorkommen als Gasgiganten wie Jupiter und Saturn. Dadurch wurden wissenschaftliche Spekulationen darüber angefeuert, dass passende, Leben ermöglichende Bedingungen im Universum deutlich verbreiteter sind als vorher angenommen.

Dies wurde durch das NASA-Teleskop bestätigt, das im Jahr 2011 über fünfzig potentielle Planeten gefunden hat, die sich offenbar in der habitablen Zone befinden – genau ein Jahr, nachdem der erste erdähnliche Planet entdeckt wurde. Man brauchte nur ein einziges Jahr lang einen kleinen Bereich der Galaxie zu beobachten, um mit dem Kepler-Teleskop 1.235 potentielle Planeten außerhalb unseres Sonnensystems zu finden, von denen offenbar 54 in einem Bereich liegen, der Leben ermöglicht.

Charles Bolden von der NASA sagte: »Innerhalb einer einzigen Generation sind wir von der Überzeugung, dass extraterrestrische Planeten eine Domäne der Science-Fiction-Literatur sind, fortgeschritten in eine Gegenwart, in der wir mit *Keplers* Hilfe eine Phantasie zur Realität gemacht haben.«

Und wieder haben die alten indigenen Kulturen schon die ganze Zeit über dieses Wissen verfügt: In den alten Indianerkulturen Nord- und Südamerikas ist von zwölf Planeten mit menschenähnlichem Leben in anderen Sonnensystemen die Rede. Zudem werden 144 Paralleluniversen beschrieben.

Nicht nur indigene Kulturen sind dafür bekannt, dass sie mit Sternenwesen kommunizieren; auch viele Geheimgesellschaften verfolgten das Langzeitprojekt, Kontakt zu extraterrestrischen Wesen aufzunehmen, um deren Weisheit und Macht zu erlangen.

Verschiedene Kulte wie die Freimaurer, der Ordo Templi Orientis und die Scientologen behaupten, von den Seelen Außerirdischer gelenkt zu werden, die sie als geheime Oberhäupter oder verborgene Meister bezeichnen.

Auch einige alte Texte erklären, wie man Kontakt zu anderen Teilen des Universums herstellen kann. Die Kabbala, die antike mystische Schule des Judentums, lehrt beispielsweise, dass es

Paralleluniversen gibt, die sich mit unserer eigenen Realität auf der Erde überschneiden, was den Kontakt mit extraterrestrischen Lebensformen ermöglicht.

Frankreich hat 2007 als erstes Land weltweit seine Akten über Ufos geöffnet. Die französische Weltraumbehörde ONERA gab eine Webseite frei, auf der über 1.600 Sichtungen dokumentiert sind, die über fünf Jahrzehnte hinweg getätigt wurden. Diese Fälle können in ihrem Online-Archiv eingesehen werden, das regelmäßig auf den neuesten Stand gebracht wird, wenn weitere Sichtungen gemeldet werden.

Von diesen 1.600 registrierten Fällen seit 1954 wurden fast 25 Prozent als »Typ D« klassifiziert, was bedeutet, dass die Behörde sich »trotz guter oder sehr guter Datenlage und glaubwürdiger Zeugen mit etwas Unerklärlichem konfrontiert sieht«.

Frankreichs Beispiel, die Akten über Ufos zu öffnen, folgte eine lange Liste von Ländern, die konstant wächst. Bisher gewähren das Vereinte Königreich, Kanada, Neuseeland, Brasilien, Dänemark, Finnland, Mexiko, Peru, Russland, Spanien, Schweden und Uruguay öffentlichen Zugang.

Die Diskussionen darüber, ob Sternenwesen wirklich existieren, beschränkten sich bisher auf esoterische Intellektuelle, Forscher und Augenzeugen extraterrestrischer Begegnungen und spielten sich eher am Rande der akademischen Welt ab. Das ändert sich derzeit in rasantem Tempo. Der weltberühmte britische Physiker Stephen Hawking begann mit einer Dokumentarserie für den *Discovery Channel* aus dem Jahr 2010 die offizielle akademische Beschäftigung mit der Frage der Existenz anderer Lebensformen im Universum.

Im selben Zeitraum veranstalteten sowohl der Vatikan als auch die Royal Society of London umfangreiche astrobiologische Konferenzen über die Folgen von Leben auf anderen Welten. Die renommierte Princeton University startete mit »Planeten und Leben« eine Studienrichtung in Astrobiologie. Dort wird

Studenten ein interdisziplinärer Zugang zu der Frage nach der Möglichkeit extraterrestrischen Lebens angeboten.

Doch es besteht nicht nur die Wahrscheinlichkeit, dass Lebewesen auf erdähnlichen Planeten existieren, es könnte sie auch auf nicht erdähnlichen Planeten im Universum mit vollkommen anderen biologischen Strukturen geben.

Beispielsweise ist der größte bekannte Stern VY Canis Majoris ein sogenannter roter Überriese. Dieser Stern hat einen Durchmesser von etwa 2.800.000.000 Kilometern. Wie kann man eine solche Größe gedanklich zu fassen bekommen?

Stellen Sie sich ein Passagierflugzeug vor, das mit einer Geschwindigkeit von 900 km/h an der Oberfläche dieses Sterns entlangfliegt. Es würde 1.100 Jahre brauchen, um ihn zu umrunden. Dennoch ist VY Canis Majoris nur ein winziger Punkt zwischen mehreren hundert Milliarden Sternen, die unsere Galaxie bilden. Und dort draußen gibt es hundert Milliarden Galaxien.

Ein Planet ist eine Zelle im Universum, eine Person ein Atom. Genauso wie unser Körper Venen hat, sind die Venen unserer Erde ihre Flüsse, und die Venen des Universums sind die Galaxien, von denen unsere Milchstraße eine ist.

All dies hat zu der Erkenntnis geführt, dass wegen des fortgeschrittenen Alters einiger Sonnensysteme mit großer Wahrscheinlichkeit an anderen Orten der Galaxie älteres und weiterentwickeltes Leben als auf der Erde existiert. Die Frage ist nur: Haben diese Zivilisationen aus ihren Fehlern gelernt und sind sie dadurch milder, weiser und friedlicher geworden? Oder läuft die Evolution in fremden Welten eher darwinistisch ab, was bedeuten könnte, dass Außerirdische die menschliche Neigung zu Gewalt und Ausbeutung teilen?

Ich gehe davon aus, dass beides der Fall ist – genau wie auf der Erde. Hier gibt es sowohl Individuen als auch Länder, die aus vergangenen Fehlern gelernt haben – während andere sich der Erkenntnis noch verweigern und Ausbeutung und Völkermord wiederholen.

Vielleicht wird die Furcht vieler Menschen vor extraterrestrischem Leben die Menschheit zu einer Familie vereinen. Denn trotz unserer Unterschiede sind wir in Herz und Seele eins.

In jedem Fall: Sternenwesen – wie fremd sie uns auch erscheinen mögen – haben ebenfalls eine Seele, so wie alles im Universum.

Währenddessen erwägt man, der menschlichen Natur gemäß, auf der Erde auch die ökonomischen Folgen, die die Entdeckung fremden Lebens im Universum haben könnte. Das erste Wirtschaftsforum, das über die mögliche Existenz von Ufos und extraterrestrischem Leben diskutierte, war das Global Competitiveness Forum. Es findet alljährlich in Saudi-Arabien statt und wurde vor Jahren als Konferenz für IT-Experten ins Leben gerufen, unter denen sich auch Bill Gates befand. Dort diskutiert man wirtschaftliche Trends und Erkenntnisse, die für zukünftige Geschäftsinvestitionen und die Wettbewerbsfähigkeit wesentlich sind.

Im Rahmen dieses Forums gab es 2011 eine Veranstaltung mit dem Titel »Kontakt: Lernen vom Weltall«, an der der bekannte Astrophysiker Michio Kaku und ein führender islamischer Gelehrter sowie die Ufo-Experten Stanton Friedman und Nick Pope teilnahmen.

In Anbetracht der Tatsache, wie viele Menschen bereits Ufos und Außerirdische gesehen haben, stellt sich die Frage, warum sich die Sternenwesen nicht einem größeren Publikum zeigen. So seltsam das auf den ersten Blick auch zu sein scheint, die Antwort liegt für mich auf der Hand: Auch ich würde mich auf der Erde nicht so ohne Weiteres zeigen, wenn ich die Geschichte der Menschheit kennen würde. Jedes Land – ohne Ausnahme –, das andere Nationen auf der Erde entdeckte, hat diese schließlich erobert und zerstört.

Es ist kein Wunder, dass die meisten Hollywood-Filme über Sternenwesen Albtraumszenarien darstellen, in denen gefährliche Aliens die Erde erobern. Diese Filme spiegeln die große Angst der Menschen wider, dass ihnen genau das zugefügt werden könnte, was sie selbst in der Vergangenheit anderen angetan haben.

Sternengeschöpfe, die intelligent genug sind, um aus ihren Welten zu unserer Erde zu reisen, beobachten und studieren die Menschen und ihre Geschichte sicher ganz genau. Sie wissen, weshalb sie sich keiner größeren Öffentlichkeit zeigen. Höchstwahrscheinlich würde ihnen, wenn sie sich als friedlich herausstellen würden, eben das widerfahren, wovor die Menschen so große Angst haben: ein Angriff von Aliens – uns Erdlingen.

Starseeds

Viele Menschen stehen den Sternenwesen friedfertig gegenüber und haben bereits friedliche Begegnungen mit ihnen gehabt. Manche von ihnen fühlen sich selbst sogar eher wie Sternenwesen als wie Menschen.

Es gibt eine Bezeichnung für solche Personen: Starseeds, auch »Sternensaat« genannt. Mittlerweile existieren ganze Bücher über sie, und manche von ihnen treffen sich in Internetforen und auf Workshops.

Oft fühlen sie sich fremd auf diesem Planeten. Sie spüren, dass sie noch nicht oft hier gewesen sind oder dass dieses Leben ihr erstes auf der Erde ist. Oft haben sie auch das Gefühl, sie würden nicht zu ihrer biologischen Erdenfamilie gehören.

Ich erinnere mich an meine Kindheitsbegegnung mit meiner Sternenfamilie:

»Ich war einmal dein Vater – und bin es noch«, sagt eines der Wesen zu mir. »Du kannst dich immer mit mir verbinden, wenn du Rat, Liebe, Unterstützung brauchst.« Ich sehe die große, bläuliche Gestalt an und weiß, dass das wahr ist.

»Deine Mutter und dein Bruder auf der Erde sind ebenfalls mit uns verbunden. Dein biologischer Vater nicht. Er hat eine andere Abstammung.

Aber er hat es dir möglich gemacht, dich auf der Erde zu inkarnieren, zu lernen und zu wachsen.

Deswegen sorgen wir über die DNS dafür, dass die Sternenkinder dem irdischen Elternteil ähnlicher sehen, mit dem sie nicht auf einer tiefen Seelenebene verbunden sind. Dieser Elternteil ist in erster Linie ein biologischer Träger. So wird verhindert, dass dieser Elternteil sein Kind ablehnt, wenn ihm klar wird, dass es sich anders benimmt, anders denkt und spricht als er.

Gleichzeitig lernen durch solche Erfahrungen sowohl das Kind als auch der Elternteil, wie unterschiedlich wir alle sein können und dass diese Vielfalt gut ist. Vergiss niemals: Wir alle stammen aus derselben Quelle. Es geht darum, Unterschiede anzuerkennen, sie zu respektieren.«

Ich frage mich, ob das bei allen Kinder so ist. Ich denke dabei an ein paar meiner Klassenkameraden.

»Nein«, entgegnet eines der Sternenwesen. »Es gibt auch Sternenkinder auf der Erde, deren Eltern beide sowohl Seelen- als auch biologische Eltern sind, und Kinder, deren Eltern beide biologische Eltern sind, aber nicht die Seelenebene ihres Kindes teilen.«

Starseeds mögen den Planeten Erde und finden ihn schön. Aber die Sterne und das Universum faszinieren sie, und sie spüren, dass sie von dort kommen, dass sie ihr ursprüngliches Zuhause sind. Manche können sich erinnern, woher sie kommen, andere nicht.

Meistens haben Starseeds große Schwierigkeiten damit, die Funktionsweise von Gesellschaft, Strukturen und Regierungen auf der Erde zu verstehen, und empfinden diese als primitiv, unreif und brutal. Häufig stellen sie sie in Frage und beteiligen sich aktiv daran, Alternativen zu den konventionellen Verfahren in verschiedenen Lebensbereichen zu finden, beispielsweise in der Medizin, der Technologie, in Landwirtschaft, Politik und Kultur.

Viele Starseeds spüren, dass sie aus einem ganz bestimmten Grund hier sind, dass sie die Erde darin unterstützen sollen, eine höhere und friedlichere Seinsebene zu erreichen, eine neue

Frequenz. Dass sie auf vielen Gebieten über fortschrittliches Wissen verfügen und hier sind, um dieses zu teilen. Die Vorstellung, dass es Leben in anderen Galaxien gibt, ist für sie genauso normal wie die Möglichkeit interstellaren Reisens und der Raumfahrttechnik. Viele, wenn auch nicht alle Starseeds können sich noch von früher an diese Dinge erinnern.

Ich spüre, dass ich ebenfalls ein Starseed bin. Und gleichzeitig bin ich ein ganz normaler Mensch mit Hoffnungen und Sorgen, Stärken und Schwächen, Sehnsucht nach Liebe, Freundschaft und Spaß im Leben.

Wir alle – egal ob Erdlinge oder Geschöpfe aus anderen Galaxien – tragen den Funken und den Samen der Quelle in uns. Jeder und alles hat eine Seele. Wir alle sind da, um Licht in den Teil des Universums zu bringen, in dem wir leben.

Und jeder ist ein Starseed. Wir sind auch alle bereits auf anderen Planeten inkarniert gewesen. Doch manche von uns haben sich schon so oft auf der Erde inkarniert, dass die Erinnerungen an andere Orte verblasst sind.

Wenn Sie Erinnerungen an andere Teile des Universums haben oder in Ihren Träumen manchmal dorthin reisen, dann liegt darin eine wertvolle Botschaft für Sie. Es sind Informationen über Ihr Leben, und sei es nur, dass sie vom Universum geliebt werden und in ihm zu Hause sind.

Als ich anfing, mich zu erinnern, kam unter anderem das Detail wieder an die Oberfläche, dass ich auch aus der Umgebung des Sirius stamme. Dieser Name, diese Information war einfach da, aus heiterem Himmel. Heute glaube ich, dass sie im wahrsten Sinne des Wortes aus der Blaupause in meiner Seele kam. Ich »wusste« nichts über Sirius. Er war nicht weiter als ein Name für einen Ort am Himmel, und überhaupt: Ich war doch gerade auf der Erde!

Erst Jahre später las ich ein Interview mit dem Autor und spirituellen Lehrer Drunvalo Melchizedek. Darin erklärte er, dass Delfine und Wale ursprünglich von Sirius B kämen, dem Begleitstern von Sirius A. Diese Information traf mich wie ein Blitz, und ich fing an, Nachforschungen anzustellen.

Sirius A ist einer der helleren Sterne am Nachthimmel und kann von fast überall auf der Erde mit bloßem Auge erkannt werden, während Sirius B nur mit dem Teleskop sichtbar ist.

Der hell leuchtende Stern Sirius A wird praktisch in allen alten Weltkulturen repräsentiert. Im alten Ägypten assoziierte man ihn mit Osiris, doch er kommt auch in der altgriechischen Mythologie und in Legenden aus China, Japan, den arabischen Ländern, Skandinavien und bei den amerikanischen Hopi-Indianern vor – um nur einige zu nennen.

Die faszinierendsten alten Berichte über Sirius A stammen vom Stamm der Dogon im westafrikanischen Mali. Dort kannte man schon vor langer Zeit nicht nur Sirius A, sondern auch die andere Hälfte des Doppelsternsystems, Sirius B.

Es heißt, dass Ende der 1930er Jahre vier Priester der Dogon ihr Wissen zwei französischen Anthropologen anvertrauten, Marcel Griaule und Germain Dieterlen. Die beiden lebten fünfzehn Jahre lang bei dem Stamm und studierten ihn eingehend. Der Mythos, den die Priester den beiden Franzosen erzählten, handelte vom Sirius und seinem Begleitstern, der für sie der Ursprung ihrer Götter und des Lebens ist.

Die Dogon-Priester erklärten, dass der Begleiter für das menschliche Auge unsichtbar sei. Sie behaupteten auch, dass er sich in einer fünfzig Jahre dauernden elliptischen Kreisbahn um Sirius A bewegen würde, dass er klein und schwer sei und um seine Achse rotiere.

All das wurde durch die moderne Wissenschaft bestätigt. Eigentlich ist es unmöglich, solche Informationen ohne Hilfe von Teleskopen zusammenzutragen. Doch laut Marcel Griaules Büchern *Schwarze Genesis* und *Renard pâle* (»Der blasse Fuchs«) wussten die Dogon schon lange vor der Entdeckung des Begleitsterns

Sirius B durch westliche Astronomen in den 1920er Jahren von seiner Existenz.

Darüber hinaus existieren uralte Höhlenmalereien der Dogon, auf denen große Gestalten in Helmen und Kleidung zu sehen sind, die denen von Astronauten ähneln. Ihre Mythologie besagt, dass die Götter einst von Sirius B – den sie *Po Tolo* nennen, was »Sternenschöpfung« bedeutet – zu den Dogon kamen, um ihnen zu helfen. Sie zeugten sogar Kinder mit ihnen.

Außerdem wird Wasser von dem Stamm sehr verehrt. Das ist verständlich, wenn man sich ins Bewusstsein ruft, dass die Dogon in einer landumschlossenen Wüstenregion weit weg vom Meer leben. Faszinierend ist aber, dass auf ihren Höhlenmalereien auch Delfine abgebildet sind, die sie ebenfalls als Götter bezeichnen. Und woher stammen die Delfine laut der Mythologie der Dogon? Genau: von Sirius B.

Nachdem ich all das herausgefunden hatte, war ich sprachlos. Es war die erste Erklärung, die ich jemals dafür gefunden hatte, dass ich mich den Delfinen und Sternenwesen aus der Umgebung von Sirius so stark verbunden fühlte.

Wir alle kommen von den Sternen

Dass wir alle Starseeds sind und jeder von uns die Sterne in sich trägt, bezeugen zahlreiche indigene und andere alte Kulturen, aber auch die menschliche Evolution.

Bis vor 50.000 Jahren schritt die Entwicklung des Menschen stufenweise voran. Diese auf archäologischen Funden beruhende These ist wissenschaftlich allgemein akzeptiert. Jede Phase der menschlichen Entwicklung setzte auf einer höheren Ebene an als die vorherige; aber sobald die nächste Ebene einmal erreicht war, ging die weitere Entwicklung nur langsam vor sich.

Dann plötzlich nahm die Veränderung eine deutlich größere Geschwindigkeit an. Man bezeichnet diese Phase, für die es keine wissenschaftliche Erklärung gibt, als »Großen Sprung nach vorn« oder als »Urknall des menschlichen Bewusstseins«.

Um es auf der Messlatte der menschlichen Entwicklung auszudrücken: Für Hunderttausende von Jahren lebte der Mensch in Höhlen – und plötzlich errichtete er Bauwerke von unübertroffener Architektur und Schönheit wie die Pyramiden in Ägypten oder die antiken Mayatempel in Latein- und Südamerika.

Setzt man den Maßstab der vorangegangenen Evolutionsstufen an, gab es keine Übergangsphase, in der die Menschheit dieses Wissen hätte entwickeln können. Plötzlich wurden Gebäude aus unglaublich großen und schweren Materialien errichtet.

Einige der Steinblöcke, aus denen die ägyptischen Pyramiden bestehen, wiegen über zehn Tonnen, so viel wie zehn Kleinwagen. Mit welchen technischen Geräten oder Kränen hat man sie transportiert?

Die Ruinenstadt Nan Madol liegt an der Ostküste der mikronesischen Insel Pohnpei, nordöstlich von Australien. In ihr befinden sich achtzig Gebäude, die aus insgesamt 400.000 Basaltsäulen errichtet wurden, die bis zu zehn Meter hoch, zwölf Meter lang und zehn Tonnen schwer sind.

Für viele dieser Stätten verwendete man als Baumaterial Steine, die so hart sind, dass sie weder mit anderen Steinen noch mit Knochen oder Metallwerkzeugen präzise bearbeitet werden können. Dennoch wurden beispielsweise im bolivianischen Puma Punku millimetergenaue Linien und Löcher in die Steine gekerbt, was eigentlich nur mit modernem Hightech-Diamantwerkzeug möglich ist. Die Einkerbungen scheinen für die Verwendung irgendeines technischen Geräts nötig gewesen zu sein; wofür genau, konnte bislang aber nicht geklärt werden.

Was ist während dieser Zeitspanne von schätzungsweise 40.000 Jahren mit der Menschheit passiert? Sie hat einen gigantischen Sprung gemacht, für den die Wissenschaft keine Erklärung hat.

Die Legenden, Gemälde und Zeremonien der alten indigenen Völker, aber auch anderer Kulturen geben Aufschluss. Viele von ihnen beschreiben Götter und Wesen, die in fliegenden Objekten vom Himmel kamen und Nachkommen mit Menschen zeugten. Zeichnungen und Kunstwerke zeigen astronautenähnliche Geschöpfe und Flugobjekte.

Das erste Buch Mose erzählt, dass Söhne Gottes aus dem Himmel kamen und Kinder mit Menschentöchtern zeugten. Im Alten Testament ist in Zusammenhang mit Lamech zudem von den »Wächtern des Himmels« die Rede.

In Peru und Bolivien gibt es Legenden über ein goldenes Boot, das aus dem Himmel kam.

»Obwohl nicht eine Wolke am Himmel war, brachte der Donner die Erde zum Beben, als das Boot im Titicaca-See landete. Die Göttin des Himmels kam vom Boot herab und hatte Kinder mit den stärksten Männern. Eines Tages brach sie dann in ihrer goldenen Barke wieder auf. Sie stieg in den Himmel empor und verschwand.«

In Tahiti und Französisch-Polynesien gibt es ähnliche Erzählungen.

Die Hopi-Indianer aus Arizona erzählen einen Mythos von nicht-menschlichen Göttern, die sie *Kachinas* nennen. Sie kamen aus dem Himmel, um den Hopi zu helfen. Sie lebten für lange Zeit bei ihnen und zeugten auch Nachkommen mit ihnen. Dann plötzlich gingen sie fort, sagten aber, dass sie eines Tages wiederkommen würden.

Die Hopi haben Statuen und Rituale, die das Aussehen der Kachinas exakt darstellen, damit ihre Kinder keine Angst haben, wenn die Götter irgendwann zurückkehren. Faszinierend ist, dass sie große Ähnlichkeit mit modernen Astronauten aufweisen – sie tragen sperrige Anzüge und Helme. Alte Höhlenmalereien zeigen die Kachinas auch mit Objekten, die stark an technische Geräte und Maschinen erinnern.

Ähnliche Mythen und Abbildungen von astronautenähnlichen Gottheiten existieren bei den Kayapo-Indianern im brasilianischen Amazonasdschungel. Auch dort gibt es eine Legende über Götter, die mit einer donnernden Waffe kamen, die jeden Menschen sofort in Asche verwandeln konnte. In den Tänzen und Zeremonien der Kayapo tragen die Gottheiten ein sogenanntes *bo*, das ebenfalls wie ein Raumanzug aussieht.

Die ältesten Fotografien von *bos*, die von Anthropologen gemacht wurden, stammen aus dem Jahr 1952 – viele Jahre, bevor die ersten Astronauten in Raumanzügen die Erde umkreisten.

Ein ähnlicher Anzug mit Maske wird bei Zeremonien in Neuguinea getragen. Auch die dazugehörige Legende gleicht den anderen.

Es drängt sich die Frage auf, ob manche Sternenwesen wohl tatsächlich einen ähnlichen Körperbau wie die Menschen entwickelt haben, so dass sie sich mit uns paaren konnten. Wenn sich diese Wesen auf einem erdähnlichen Planeten in einer habitablen Zone entwickelt haben, müsste die Antwort aus wissenschaftlicher Sicht Ja lauten. Unter ähnlichen äußeren Bedingungen bilden Lebewesen einen ähnlichen Körperbau und ähnliche Organe aus. Das würde es ihnen theoretisch ermöglichen, sich mit Menschen von der Erde zu kreuzen, auch wenn sie genetisch einer anderen Spezies angehören.

Wie könnte die Anreise aus fernen Galaxien über so weite Distanzen hinweg möglich sein? Albert Einstein bot mit der Relativitätstheorie und dem Konzept der Raumzeitverschiebung eine Antwort auf diese Frage.

Wenn man in einem Raumschiff mit Lichtgeschwindigkeit die Erdatmosphäre verlässt, vergeht die Zeit darin langsamer als auf der Erde. Ist man in diesem Raumschiff beispielsweise fünfzig Jahre lang unterwegs, vergehen auf der Erde währenddessen 420.000 Jahre.

Wenn sich die Technologie weiterentwickelt, könnte es laut Wissenschaftlern eines Tages möglich sein, photonenbetriebene Raumschiffe zu bauen, die Lichtgeschwindigkeit erreichen können, was die Grundvoraussetzung für das Auftreten einer Raumzeitverschiebung ist. Entsprechende Berechnungen existieren bereits.

Auch für diese Art der Raumfahrttechnologie von Sternenwesen, die die Erde besucht haben, gibt es in allen Kulturen Hinweise. Bei den australischen Aborigines erzählt man sich eine Legende von der Göttin der Milchstraße, die kam, um ihnen zu helfen, und Nachwuchs mit ihnen zeugte. Alte Höhlenmalereien zeigen die Göttin mit raumschiffähnlichen Objekten.

Auch der Bumerang der Aborigines könnte ein Indiz für den Besuch einer höheren Intelligenz sein. Seine aerodynamische Form hat kein Vorbild in der Natur, das die Aborigines als Vorlage hätten verwenden können. Doch für seine Konstruktion war ein hoher technischer Wissensgrad notwendig, da er zu seinem Nutzer zurückkehrt, wenn er sein Ziel verfehlt hat.

Im Jahr 1909 entwickelte der Erfinder David Unaipon, ausgehend von seinen Studien der Aerodynamik von Bumerangs, ein Drehflügelflugzeug. Aus diesem Ansatz gingen die modernen Hubschrauber hervor.

Offenkundig war eine höhere Intelligenz am Werk, als der Bumerang vor 30.000 Jahren bei den Aborigines eingeführt wurde. Ähnliche Bumerangs wurden auch im alten Ägypten, in Europa und auf dem amerikanischen Kontinent gefunden.

In der altsumerischen Kunst, die aus dem heutigen Irak stammt, wird eine Vielzahl von raumschiffartigen Objekten dargestellt, beispielsweise Kugeln am Himmel und Götter, die Fackeln auf dem Rücken tragen. Man kann davon ausgehen, dass diese Kunstwerke im naturalistischen Stil gehalten sind – dass sie also genau das zeigen, was die Menschen damals sahen –, da die Kunst ausnahmslos aller Kulturen anfangs naturalistisch war und erst später abstrakt wurde.

Im Ägypten derselben Epoche wurde eine Großzahl von Gegenständen hergestellt, die Flügel beziehungsweise Tragflächen aufweisen. Die Ägypter konstruierten sogar ein hölzernes Flugzeug, das über zweitausend Jahre alt ist. Es sieht aus wie das Modell eines Segelflugzeugs und wäre, wenn man es in einem größeren Maßstab nachbauen würde, tatsächlich flugfähig.

Auch in China gibt es verschiedene alte Gemälde, die bemannte, fliegende Objekte zeigen. Und alter kolumbianischer Goldschmuck ist teilweise mit fliegenden Objekten verziert, die nach dem Prinzip der Aerodynamik konstruiert sind.

Auf den Mayaruinen von Palenque in Mexiko sind fliegende Objekte abgebildet, deren Technologie detailreich wiedergegeben wurde. Beispielsweise ist eine astronautenähnliche Gestalt zu sehen, die mit Händen und Füßen ein Pedal bedient. Hier und in den wenigen verbliebenen Schriftstücken der Maya, die vor der Zerstörung durch die spanischen Invasoren gerettet werden konnten, werden astronautenartige Gestalten mit Gegenständen gezeigt, die aussehen wie moderne Taschenlampen, Sauerstoffflaschen und Motoren.

Und schließlich könnten auch die alten Nazca-Linien in Peru ein Hinweis darauf sein, dass dort einmal derartige Flugobjekte gelandet sind. Die Linien sind so riesig, breit und lang, dass man sie nur aus großer Höhe erkennen kann. Sie bedecken einen großen Teil der Hochebene von Nazca.

Auch in unseren Gehirnen und Genen gibt es Indizien dafür, dass wir Hybride zwischen Menschen und Sternenwesen sein könnten. Einige DNS-Forscher glauben, dass extraterrestrische Gene – und außerirdisches Wissen – in die 97 Prozent des menschlichen Genoms, die als nichtkodierte Junk-DNS bezeichnet werden, eingebettet sein könnten. Dieser Begriff entstand, da die Wissenschaft bislang nicht herausfinden konnte, wozu dieser Teil der DNS eigentlich dient.

Der britische Molekularbiologe Francis Harry Crick, der für die Mitentdeckung der Doppelhelixstruktur unserer DNS mit dem Nobelpreis ausgezeichnet wurde, behauptete ausgehend von der DNS-Struktur, dass das Leben auf der Erde einst von anderswo in unserem Sonnensystem gekommen sein muss.

Bis heute gibt ein Großteil unseres Gehirns den Wissenschaftlern Rätsel auf. Unser Gehirn besteht zu achtzig Prozent aus Wasser und weist einhundert Milliarden Nervenzellen auf. Dieser Hochleistungscomputer aus Wasser koordiniert alle Zellen und Funktionen in unserem Körper und schläft niemals.

Eine einzige Nervenzelle in unseren Körper kann bis zu zehntausend Verbindungen zu anderen Neuronen herstellen. Unsere Nervenzellen können bis zu zweihundert Vorgängen pro Sekunde gleichzeitig ausführen, was einer Computerleistung von zehn Teraflops entspricht – ungefähr die Datenmenge von 2.100 DVDs, die alle innerhalb einer Sekunde abgespielt werden. Die Erinnerungsleistung des menschlichen Gehirns liegt zwischen einem und vier Petabyte – etwa einer Million Gigabyte.

Damit könnten wir uns, selbst wenn wir mehrere hundert Jahre alt werden würden, an jede einzelne der elf Millionen Sinnesempfindungen erinnern, die wir pro Sekunde ungefiltert wahrnehmen. Würde man diese vier Petabyte an Daten auf CD-Rom brennen und die Datenträger stapeln, würde sich ein Turm aus an die 6,8 Millionen CDs ergeben, der über sechzehn Kilometer hoch ist – fast doppelt so hoch wie der Mount Everest. Wer hat geholfen, dieses Gehirn zu machen?

Etwas zieht uns hinaus ins All. Es ist die Richtung, in die sich die menschliche Evolution und die Weiterentwicklung der Technik scheinbar von selbst bewegen, so als ob wir von einem Sog erfasst wären.

Vor nur zweihundert Jahren flogen wir zum ersten Mal – nun können wir bereits ins All reisen. Vielleicht ermöglicht uns das Erwachen eines Wissens, das in unserer DNS geschlummert hat, diese gewaltigen Entwicklungsschübe.

Altes, indigenes Wissen besagt, dass nicht nur die Menschen zum Teil von den Sternen stammen. Laut diesem sind die einzigen anderen Lebewesen auf der Erde, die ebenfalls teilweise von anderen Planeten und Sternen kommen, die Wale und Delfine.

Ob die Dogon in Afrika, die Hopi und andere Indianerstämme in Nord- und Südamerika oder verschiedene Gruppen von Aborigines – sie alle beschreiben Wale und Delfine als Lebewesen, die nicht aus dieser Welt stammen, da ihre Intelligenz und Weisheit und ihr Mitgefühl so stark ausgeprägt sind.

Mit Delfinen und Walen zusammen in ihrer Welt zu schwimmen, fühlt sich oft so an, als würde man Sternenwesen auf einem anderen Planeten besuchen.

Dies hier habe ich über die Jahre hinweg über die Wale herausgefunden. Teils stammt mein Wissen von Lehrern, teils aus Büchern und Nachforschungen. Und teils besteht es aus dem, was die Wale mir erzählen, wenn ich ihnen zuhöre.

Delfine & Wale
Schwimmen mit Lisa Biritz

© by Paul MacIsaac – paulmacisaac@yahoo.com

© by Paul MacIsaac – paulmacisaac@yahoo.com

© by Paul MacIsaac – paulmacisaac@yahoo.com

© by Paul MacIsaac – paulmacisaac@yahoo.com

© by Paul MacIsaac – paulmacisaac@yahoo.com

© by Paul MacIsaac – paulmacisaac@yahoo.com

© by Paul MacIsaac – paulmacisaac@yahoo.com

© by Paul MacIsaac – paulmacisaac@yahoo.com

© by Paul MacIsaac – paulmacisaac@yahoo.com

© by Paul MacIsaac – paulmacisaac@yahoo.com

© by Paul MacIsaac – paulmacisaac@yahoo.com

© by Paul MacIsaac – paulmacisaac@yahoo.com

© by Privates Archiv Lisa Biritz

© by Paul MacIsaac – paulmacisaac@yahoo.com

© by Privates Archiv Lisa Biritz

© by Paul MacIsaac – paulmacisaac@yahoo.com

© by Paul MacIsaac – paulmacisaac@yahoo.com

© by Paul MacIsaac – paulmacisaac@yahoo.com

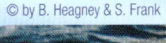
© by B. Heagney & S. Frank

© by B. Heagney & S. Frank

© by Paul MacIsaac – paulmacisaac@yahoo.com

© by B. Heagney & S. Frank

© by B. Heagney & S. Frank

© by Privates Archiv Lisa Biritz

© by B. Heagney & S. Frank

© by B. Heagney & S. Frank

© by Privates Archiv Lisa Biritz

© by Privates Archiv Lisa Biritz

© by Privates Archiv Lisa Biritz

© by Privates Archiv Lisa Biritz

© by Privates Archiv Lisa Biritz

Walmagie

»Wir sind die größten Lebewesen auf der Erde. Größer sogar als die größten Dinosaurier, die einst existiert haben. Wir sind so gut gewachsen, weil wir in den Ozeanen Raum, Platz haben, um uns auszudehnen.

Die gesamte Erde und all ihre Ozeane sind unser Zuhause. Einige von uns schwimmen Jahr für Jahr einmal um den halben Globus und wieder zurück.

Wir gelangen sehr weit in die Tiefe. Pottwale können zwei Stunden lang unter Wasser bleiben, ohne Luft zu holen, und bis zu zweitausend Meter tief tauchen.

Der Größte unserer Art ist der Blauwal, der die Größe einer Boeing hat. Sein Herz ist so groß wie ein Auto, und auf seiner Zunge könnten fünfzig Menschen stehen. Ein Bus hätte genug Platz, um in seinen Mund zu fahren.

Und trotzdem ist der Blauwal sanftmütig und frisst nur Krill.

Wir sind sanftmütige Riesen. Das ist unsere Medizin für euch: friedliche und sanftmütige Krieger des Lichts zu sein. Kraft und Stärke nicht zu missbrauchen, sondern für das Licht zu nutzen.

Jeder von euch trägt Kraft, Stärke, Größe in sich. Jeder von euch ist in der Lage, für das Licht zu arbeiten.

Mit unseren Frequenzen und Liedern arbeiten auch wir für das Licht. Wir kommunizieren über Tausende von Kilometern hinweg, so stark sind unsere Vibrationen. Die Schallstärke des Gesangs von Buckelwalen gleicht der einer Boeing beim Start.

Wir kommunizieren auch mit Mutter Erde. Wir erschaffen ein Gitternetz aus Lichtfrequenz, um ihr Gleichgewicht zu stabilisieren und ihr Halt zu geben.

Auf unserer alljährlichen Reise von den Polen zu den Äquatoren und wieder zurück folgen viele von uns der Bahn einer unendlichen Acht. Auf dieser Route erzeugen wir mit unseren Liedern ein Gitternetz aus Lichtfrequenzen.

Ihr Menschen habt das Lied der Buckelwale untersucht, weil es so einzigartig ist. Auch ihre weißen Flossen, wegen denen sie wie Engel aussehen, ziehen euch an. Buckelwale singen mit ihrem Kopf nach unten. Sie tun dies regelmäßig zehn bis dreißig Minuten lang.

Es fasziniert euch, dass ihr Lied in allen Ozeanen der Welt das gleiche ist. Jedes Jahr kommen neue Strophen dazu. Doch das Lied ist immer dasselbe, in allen Weltmeeren. So weit werden unsere Klänge getragen, um die ganze Erde – Mutter Erde zärtlich, sanft liebkosend, unser Gitternetz aus Lichtfrequenz erschaffend.

Eure Wissenschaftler haben noch immer nicht herausgefunden, warum wir singen. Der Grund ist: Wir singen unser Lied füreinander und für die Erde. Wir singen unsere Liebe und Weisheit. Halten Energie, unterstützen planetarische Harmonie und Gleichgewicht.

Wir sind die Frequenzhalter der Erde. Wir helfen unserer Erde, sich auf höhere Ebenen zu entwickeln, heben ihr Energieniveau, schützen sie davor, in sich selbst zu kollabieren.

Manchen von euch Erdlingen wird schwindelig, wenn sie uns zu nahe kommen, manchmal müssen sie sich sogar übergeben. Das liegt daran, dass unsere Frequenzen euch so tief durchdringen. Sie bringen alles hoch, was unterdrückt wurde. So reinigen wir euch von innen, damit ihr euer Lied, eure Stimme wiederfinden und hören könnt.

Auch Weisheit ist unsere Medizin. In uns spiegelt sich die Weisheit wider, die ihr alle in euch tragt. Sie ist in die große Stille der Tiefe gehüllt, in der wir die Weisheit unserer Seelen hören können.

Wasser enthält die Geschichte der Erde – wir greifen darauf zu und senden sie euch durch Geräusche, die ihr zwar nicht hören könnt, die aber euren Seelenkern durchdringen. Wir sind schwimmende Bibliotheken mit den Chroniken der Erde – das Bewusstsein der Erde mit allem, was jemals geschehen ist und jemals geschehen wird, allen Erfahrungen und der Geschichte des gesamten Kosmos.

Wir sind die Bibliotheken des Elementes Wasser – genauso wie die Bibliotheken der Elemente Luft und Äther die Akasha-Aufzeichnungen sind. Diese tragen dieselben Informationen wie wir und umhüllen die Erdatmosphäre. Die Bibliotheken des Elementes Erde sind die Steine und Minerale, die ältesten Bewohner der Erde. Wir Wale gehören auch zu den Ältesten auf dem Blauen Planeten.

Da euch diese verschiedenen Wissensbibliotheken zur Verfügung stehen, hat jeder mit unterschiedlichen Vorlieben und Verbindungen zu den Elementen Zugang zu diesem Wissen. Hört uns einfach gut zu.

Ihr könnt auch viel über das Träumen und eure Träume von uns lernen. Genauso wie bei unseren Cousins, den Delfinen, schläft nur die eine Hälfte unseres Gehirns, wenn wir ruhen; die andere ist wach. Das muss so sein, damit wir bei Bewusstsein bleiben und regelmäßig atmen können. Weil wir, so wir ihr, Säugetiere sind, müssen wir immer wieder an die Wasseroberfläche, um Luft zu holen. Wenn wir schlafen, befinden wir uns daher in einem dauerhaften tranceähnlichen Bewusstseinszustand.

In diesem Zustand fühlen wir – genauso wie ihr –, was wahr und universell ist, all-eins und verbunden. Deswegen könnt ihr auch von uns lernen, euer Gehirn effizienter zu nutzen. Das hilft euch, eure beiden Gehirnhälften miteinander zu verbinden, was heilsam bei Depressionen ist. Ratio und Intuition kommen so in Balance.

Gebt euch selbst Zeit, zu träumen. Schlaft nicht einfach nur, um auszuruhen, sondern erlaubt es euch auch, halbwach vor euch hinzuträumen. In keinem anderen Zustand könnt ihr euch besser mit der

Matrix verbinden. Dort spürt ihr die Quelle und erkennt eure einzigartige Lebensaufgabe, euren Daseinszweck.

Lasst euch selbst in die Tiefe sinken, fallt in die Tiefe, habt keine Angst. Ihr werdet Wärme, euer Zuhause, Verbundenheit finden.

Wir Wale leben in der physischen Welt, aber auch in den Reichen der Energie. Wir wissen, wie man die Bereiche wechselt, und erleben die Welt jenseits linearer Raumzeit, betreten viele Dimensionen.

Unser Tauchen in die Tiefsee als auch unsere Tiefenatmung von 480 km/h pro halber Sekunde hat einen bewusstseinserweiternden Effekt. Die materielle Welt verschwindet bei uns im weißen Licht, das sich über die dreidimensionale Existenz hinaus erstreckt. Wenn ihr uns seht, erinnert ihr euch an die Quelle.

Wir stehen für euer Verlangen nach Ganzheit, wenn wir ins tiefe Unbekannte tauchen. Eure Gedanken gehen mit uns, der Teil von euch, der offen für Veränderungen ist; eure abenteuerlustige Seite, die nach Wahrheit sucht, nach Freiheit, die an das Gute glaubt, die versteht und sich erinnert.

Eure Essenz empfängt unsere Klänge und beginnt, anders zu schwingen als so, wie ihr es in der dreidimensionalen Realität kennt. Wir leben in einer holografischen Realität, in der Vergangenheit, Gegenwart und Zukunft gleichzeitig existieren, in der jede Struktur von Materie und Energie möglich ist.

In dem Moment, in dem Delfine und Wale verschwinden, sehnt sich euer Herz wieder nach der Quelle.

Genauso wie die Delfine und auch ihr, sind wir mit den Sternen verbunden. Wir, wie ihr, sind Sternenwesen. Wir sind nicht allein in der Galaxie. Wir navigieren anhand des Leuchtens der Sterne und der elektromagnetischen Strömungen der Erde, die durch die Dynamik der Sterne und des Universums erzeugt werden.

Wenn wir in den warmen Tropenwassern ankommen, um unsere Jungen auf die Welt zu bringen und uns auszuruhen, dann warten unsere Cousins, die Delfine, schon auf uns. Wir lieben es, zusammen zu sein. Wie alle unserer Art versammeln wir uns regelmäßig. Wir helfen einander. Die Delfine beteiligen sich sogar als Hebammen an unseren Geburten. Wir leben in einer Realität des Friedens, der Liebe und des Spiels, der Harmonie und Kommunikation.

Lernt von uns. Unterstützt und helft einander, nicht nur in eurer engen Familie, sondern auch in eurer Menschheitsfamilie. Wir alle sind eine Familie.

Lasst eure Herzen singen, so wie wir singen – dann wird es Frieden auf der Erde geben. Die äußere Welt ist eine Reflexion der inneren Welt. Frieden und Schönheit beginnen in eurem Inneren und finden von da aus ihren Weg nach außen. Ihr braucht nur euer eigenes Licht zum Leuchten zu bringen und werdet reine Freude sein.

Im Geiste sind Delfine und Wale alle eins, Lichtwesen. Berührt den Stern des Lichts in eurem Inneren, den Kristallkern in eurem Herzen, damit ihr mit euren Seelen sehen könnt. Entzündet das wahre Licht der gesamten Menschheit, hebt eure Seelen auf eine neue Ebene, entzündet Funken der Freude.

Findet bedingungslose Liebe und tiefes Mitgefühl und Verantwortung für die Erde. Findet Frieden in euch selbst und auf unserem Blauen Planeten.«

Koyaanisqatsi –
Verrückte Welt

Frieden zu finden und mit sich selbst im Reinen zu sein ist eine große Herausforderung. Das zeigen sowohl der vergangene als auch der augenblickliche Zustand auf unserem Blauen Planeten. Wir leben in einer Zeit großer Veränderungen.

Die Lehren zahlreicher indigener und alter Kulturen, wie die der Hopi, der Maya, der Ägypter oder der Kabbala, sagen schon seit Langem immer wieder Zeiten des Umbruchs voraus. Laut ihrer Weltsicht treten solche Phasen in der Natur zyklisch auf.

Kulturen erblühen, dann folgen ihr Verfall, eine Zeit der Reinigung und schließlich der Übergang zu etwas Neuem.

In den Prophezeiungen der Hopi tragen solche Übergangsphasen sogar einen eigenen Namen: *koyaanisqatsi*. Er steht für ein Leben aus dem Gleichgewicht, für Zerfall und moralische Korruption; ein Zustand, der nach einer anderen Art zu leben ruft.

Faszinierend daran ist, dass die Hopi, die Maya und andere Kulturen diese Übergangsphasen mithilfe der Astronomie voraussagen konnten – und zwar schon vor Tausenden von Jahren. Ihre Schriften besagen, dass wir uns augenblicklich wieder in solch einer Phase des Übergangs und des *koyaanisqatsi* befinden.

Die genauesten Berechnungen stammen von den Maya. In ihren alten Schriften wird prophezeit, dass der Höhepunkt der

Veränderungen, die wir gerade durchlaufen, am 21. Dezember 2012 eintreten wird, um den herum eine Übergangsphase von jeweils einhundert Jahren stattfindet.

Ich wollte genau verstehen, wie sie darauf kamen, also recherchierte ich wochenlang. Ich bin weder Astronomin noch Physikerin. Deswegen kann ich die Gedanken der Maya vielleicht in einer verständlichen Sprache ausdrücken.

Es finden zwei tatsächliche astronomische Ereignisse in den einhundert Jahren vor und nach 2012 statt. Das erste wird als »Galaktische Ausrichtung« bezeichnet.

Ich werde versuchen, dieses Phänomen zu erklären.

Die Planeten und die Sonne in unserem Sonnensystem weisen ein ungefähr gleiches Kreisbahnmuster auf. Dieses wird als Ekliptikebene bezeichnet.

Von unserer Perspektive auf der Erde aus umsäumen die zwölf Stern- und Planetenkonstellationen – bekannt als der Tierkreis – die Ekliptikebene. Diesem Weg folgt die Sonne, wenn sie im Verlauf eines Jahres über den Himmel wandert. Innerhalb eines Jahres durchschreitet die Sonne reihum alle diese Konstellationen.

Alle 72 Jahre verkürzt sich die jährliche Reise der Sonne entgegen dem Uhrzeigersinn um ein Grad. Dieses als »Präzession« bezeichnete Phänomen wird dadurch verursacht, dass die Erdachse leicht eiert. Deswegen verändert sich etwa alle 2.160 Jahre die Himmelskonstellation, die bei der Tagundnachtgleich am 21. Dezember sichtbar ist.

In der westlichen Astrologietradition markiert dies jeweils das Ende eines astrologischen Zeitalters – im Augenblick das Zeitalter der Fische – und den Anfang eines anderen – das nächste ist das Zeitalter des Wassermanns. In der schamanischen Tradition bezeichnet man diesen Übergang als das »Kleine Sonnenjahr«.

Im Verlauf von 26.000 Jahren vollzieht die Präzession einen vollen Kreis um die Ekliptikebene. Dieses Phänomen wird in der schamanischen Tradition als »Großes Sonnenjahr« bezeichnet. Es findet um das Jahr 2012 plus/minus 36 bis 50 Jahre statt.

Das Phänomen des »Großen Sonnenjahrs« findet aber nicht zu einem genauen Zeitpunkt statt, sondern ist ein längerer Prozess. Dieser Verlauf spiegelt sich auch in der Entwicklung der Menschheit und des menschlichen Bewusstseins, weil sie die Planetenbewegungen reflektiert.

Das Zeitalter der Fische steht beispielsweise für Mitgefühl und Vergebung gegenüber anderen und sich selbst, was durch das Leiden Jesu vor zweitausend Jahren symbolisiert wurde. Nun bricht das Zeitalter des Wassermanns an, in dem Befreiung von dogmatischen Traditionen und neue technologische Entwicklungen im Zentrum stehen – genau das, was im Augenblick geschieht.

Wieder einmal werden wir von der Vergangenheit befreit; ein veraltetes Konzept, dessen Richtlinien nicht mehr zutreffen, wird durch ein neues abgelöst. Dieses Mal lösen sich traditionelle Familienstrukturen zugunsten einer anonymeren Lebensweise auf. Aber gleichzeitig erfolgt auch ein globales Begreifen, dass wir alle miteinander verbunden sind. Dieses Verständnis ist der natürliche nächste Schritt hin zur Erinnerung und einem Leben in dem Bewusstsein, dass wir alle eine Familie sind.

Das andere astronomische Ereignis dieser Zeit hat mit dem Band unserer Galaxie, der Milchstraße, zu tun. Alljährlich kommt es zur Wintersonnenwende zu einer Ausrichtung von Erde, Sonne und dem galaktischen Äquator. Außerdem wird die Position unseres Sonnensystems im Milchstraßenband durch die eben erklärte Präzession jedes Jahr ein wenig verschoben. Über einen Zeitraum von 35 bis 40 Millionen Jahren hinweg durchquert unser Sonnensystem das Band der Milchstraße vollständig.

Doch erst einmal zur Erklärung des Milchstraßenbandes: Eine Galaxie wie unsere benötigt eine gigantische Energiequelle, um die Kreisbahnen der darin enthaltenen Sterne und Planeten zu bestimmen. Dieser »Motor« ist in der Regel ein Schwarzes Loch.

Das Schwarze Loch im Zentrum unserer Galaxie hat eine geschätzte Masse von über einer Billion Sternen. Die Schwerkraft, die von Schwarzen Löchern ausgeht, ist so stark, dass alles, was in ihr Wirkungsfeld gerät, einfach hineingezogen wird; nicht einmal Licht kann ihnen entkommen.

Alte schamanische Kulturen besagen, dass Schwarze Löcher Eingänge in andere Dimensionen und Paralleluniversen sind – was sowohl von der modernen Astro- als auch der Quantenphysik bestätigt wird.

»Unser« Schwarzes Loch dreht sich aufgrund seiner gewaltigen Masse unglaublich schnell. Durch die Sogwirkung dreht sich unsere Galaxie mit und nimmt die Form einer Scheibe an, in deren Zentrum sich das Schwarze Loch befindet. Entsprechend sind die meisten Galaxien flach und kreisförmig. Der massereichste Teil dieser Scheibe, an dem sich die meisten Sterne angesammelt haben, wird als »Galaktische Ebene« bezeichnet.

Unser eigenes Sonnensystem umkreist das galaktische Zentrum – also das Schwarze Loch – etwa einmal alle 240 Millionen Jahre. Aufgrund der Präzession verläuft der Weg unseres Sonnensystems aber wellenförmig, so dass es die galaktische Ebene immer wieder durchschreitet. Etwa alle 35 bis 40 Millionen Jahre durchqueren wir also die galaktische Ebene.

Laut Forschern des Cardiff Centre for Astrobiology fand eine solche Durchquerung vor 65 Millionen Jahren statt, als die Dinosaurier durch einen starken Kometenregen ausgelöscht wurden.

Die Anziehungskraft der riesigen umliegenden Gas- und Staubwolken drängt Kometen von ihrer Bahn ab. Teilweise werden diese Kometen dann in unser Sonnensystem umgelenkt, und manche von ihnen treten in die Erdatmosphäre ein.

Das Forscherteam aus Cardiff fand heraus, dass die Wahrscheinlichkeit eines Kometenzusammenstoßes um ein Zehnfaches steigt, wenn wir alle 35 bis 40 Millionen Jahre die galaktische Ebene passieren. Funde in Kratern auf der Erde legen außerdem nahe, dass wir zuletzt vor schätzungsweise 36 Millionen Jahren eine große Anzahl von Kollisionen erlitten haben. Unsere augenblickliche Position in der Galaxie legt nahe, dass uns eine solche Phase erneut bevorsteht.

Wann genau sie eintreten wird, ist schwer abschätzbar, weil die galaktische Ebene unserer Milchstraße im relativen Vergleich zur Gesamtgröße der Milchstraßengalaxie möglicherweise so dünn wie Papier ist. Entsprechend könnte es nur ein paar Jahre dauern, bis unser Sonnensystem die galaktische Ebene erreicht, und wir würden es erst erfahren, wenn es so weit ist.

Wir befinden uns also zwischen zwei kosmischen Megaereignissen, die alle 26.000 beziehungsweise 35 Millionen Jahre stattfinden. Enorme physische Kräfte sind am Werk. Viele Prophezeiungen, darunter auch die Blue Star-Prophezeiung der Hopi, sagen dieses Ende eines Zyklus und den Anfang von etwas Neuem voraus, das die Frequenz der Erde und ihres Bewusstseins steigern wird, auch die der Menschen als Teil des Blauen Planeten. Die Welt wird eine Phase der Prüfung, des Leidens und der Reinigung durchschreiten, ehe eine Zeit kommt, in der unsere Herzen in einem Takt schlagen. Das könnte der Beginn eines Goldenen Zeitalters sein, in dem die Menschen ein besseres Leben voller Frieden führen.

Ob diese Phase apokalyptisch oder vorteilhaft verläuft, hängt laut den Maya und den Hopi von den freien Willensentscheidungen der Menschen ab, davon, ob sich eine ausreichend große kritische Masse bildet, die uns den Sprung auf die nächste Ebene ermöglicht.

Teilweise haben wir die Kontrolle darüber, was geschehen wird – aber teilweise auch nicht. Wir befinden uns auf einer wahren Achterbahnfahrt durch die Zeit. Wir alle spüren das starke destruktive Potenzial dieser Phase. Doch es gibt Hoffnung, dass wir es diesmal schaffen, auf Atombomben zu verzichten und einen Weltkrieg zu vermeiden.

Diese Ausrichtung auf das Herz unserer Galaxie öffnet der kosmischen Energie einen Kanal, durch den sie zur Erde fließen und unseren Planeten und alles, was darauf lebt, reinigen und auf eine höhere Schwingungsebene anheben kann.

Die Energie der Erde muss erneuert werden, es muss Platz für neue Ideen geschaffen werden, Körper und Seele brauchen neue Herausforderungen.

Die Zukunft ist zur Gegenwart geworden. Jetzt haben alle Träume, die nicht auf Vorurteilen beruhen, die Möglichkeit, verwirklicht zu werden. Was wichtig ist, wird bleiben. Was unwichtig ist, wird verschwinden.

Wir alle werden gebraucht. Wir sind nicht grundlos hier. Jeder, der im Augenblick auf der Erde lebt, erfüllt einen wichtigen Zweck.

Der Filmemacher Godfrey Reggio benannte seinen preisgekrönten Kultfilm aus dem Jahr 1982 nach dem Hopi-Wort *koyaanisqatsi*. In diesem Film zeigt er, untermalt durch Musik von Philip Glass, ohne Worte Bilder der hektischen westlichen Welt. Ins Zentrum stellt er dabei die stetig steigende Geschwindigkeit und den schneller werdenden Informationsfluss unserer Tage: Millionen von Autos auf Autobahnen, Tausende von Menschen, die durch Großstadtstraßen eilen, die Stadt, die vor künstlichem Licht glüht. Eindrucksvolle Bilder zeigen die Eile und Seelenlosigkeit unserer Zeit, die Sinnlosigkeit hinter der Eile.

Eine Welt aus dem Gleichgewicht. Menschen aus dem Gleichgewicht. Menschen mit verhungerten Seelen. Menschen, die etwas jagen, ohne zu wissen, was dieses Etwas eigentlich ist.

Ist es ihre Seele, nach der sie suchen? Wohin ist die Seele verschwunden?

Seelenrückholung

Wenn ich Heilungsarbeit mit Klienten mache, bitte ich sie, sich ihre Seele als leuchtende, glühende Lichtkugel vorzustellen. Diese Lichtkugel ist es, die uns leben und leuchten lässt – sie ist unsere vitale Lebenskraftenergie.

Mit der Zeit verlassen uns wegen schmerzhafter oder traumatischer Erfahrungen Teile dieser Seelenenergie. Sie verschwinden nicht – weil Energie nicht verschwinden kann. Aber sie gehen an einen anderen Ort und verstecken sich.

Wenn Sie beispielsweise von Ihren Eltern misshandelt wurden oder einen Unfall hatten; wenn Sie unter harten Bedingungen aufgewachsen sind; wenn Sie in der Schule verspottet wurden – die Liste ist endlos –, verlassen Sie diese schmerzenden Teile Ihrer Seele, weil der Schmerz zu diesem Zeitpunkt mehr ist, als Sie fühlen und ertragen können.

Ein Teil Ihrer Seele mag noch immer bei Ihrem Ex-Partner sein, den Sie niemals ganz loslassen konnten; ein anderer ist immer noch in dem Krankenhaus, in dem Ihnen als Kind der Blinddarm herausgenommen wurde, versteckt sich dort in einer dunklen Ecke.

Wenn Sie schwere emotionale oder sexuelle Traumata erlebt haben, könnten Teile Ihrer Seele aus Angst in einen entfernten Teil des Universums gereist sein, so weit weg, wie sie nur kommen konnten, um sich zu verstecken. Wenn Sie einen Unfall hatten, wurde möglicherweise ein Teil ihrer Seele aus Ihnen herausgeschleudert und ist nun irgendwo gestrandet, von wo aus er den Weg nach Hause ohne Hilfe nicht mehr findet.

Das Gefühl, »nicht hier zu sein«, irgendwie »nicht vollständig zu sein«, entsteht dadurch, dass Teile der Seelenenergie Ihren Kern verlassen haben. In der modernen Psychologie bezeichnet man dieses Phänomen als »Dissoziation«.

Viele Menschen versuchen, das Fehlen dieser Lebenskraftenergie mit Essen, Alkohol, Fernsehen, Arbeit oder Drogen zu kompensieren. All das sind vergebliche Versuche, das Loch wieder zu füllen. Fehlende Seelenteile sind eine der Hauptursachen für Abhängigkeiten und Depressionen – beides Krankheiten, die in der heutigen Welt weit verbreitet sind. Morgens aufzuwachen und einfach weiterschlafen zu wollen, obwohl dieser Planet doch so wunderschön ist, ist zu einem ganz normalen Zustand geworden – normaler, als fröhlich und lebendig zu sein.

Andere Symptome für das Fehlen eines Teils dieser vitalen Lebensenergie sind chronische Müdigkeit, das Gefühl, vom Leben abgeschnitten zu sein oder wiederholt Unfälle oder chronische Krankheiten zu haben. Es kommt sogar vor, dass Menschen so krank sind, so viele Seelenteile verloren haben, dass sie nicht sterben können; zahlreiche Menschen vegetieren in diesem Zustand Wochen, Monate, Jahre in Krankenhäusern vor sich hin. Sie sind nicht vollständig genug, nicht ausreichend mit sich im Frieden, um sterben zu können.

Nicht nur Menschen fehlen Teile ihrer Seele – manchen Regionen unserer Erde geht es genauso. Meist sind es Landabschnitte, die so stark verschmutzt wurden, auf denen der Krieg so sehr gewütet hat oder die so gnadenlos ausgebeutet wurden, dass man es dort nicht lange aushält, weil sie ein so quälendes und schmerzvolles Gefühl der Leere verursachen. Man kann den Schaden, der der Natur, den Tieren, den Menschen dort zugefügt wurde, spüren.

Verlorene Seelenteile von Erde und Menschen zurückzuholen ist in indigenen Kulturen eine ganz alltägliche Praxis. Hat ein Mensch beispielsweise einen Unfall, versorgt ihn zwar zunächst, ähnlich wie unsere Ärzte, der Medizinmann. Doch gleich danach besucht der Schamane den Patienten und holt seine verlorenen Seelenteile zurück.

Auch die moderne Psychologie und Psychotherapie erfüllen diese Funktion, aber ihre Wirkung ist begrenzt. Durch sie verstehen die Patienten ihre Probleme vielleicht, haben sie bis in die Tiefe analysiert – doch noch immer fühlt sich ihre Seele unvollständig an, da ihre Essenz weiterhin fehlt. Der Verstand hat die ganze Arbeit geleistet – die Seele war nicht beteiligt.

Deswegen ist die Seelenrückholungsarbeit so wirkungsvoll.

Eine Dame ist mit ihrem zehnjährigen Sohn zu mir gekommen. Sie war mit ihm bei einer ganzen Reihe von Ärzten und Psychologen, aber keiner von ihnen konnte ihm helfen oder auch nur die Ursache seiner Probleme identifizieren. Er wird von Albträumen geplagt, hat Angst vor dem Einschlafen und ist deswegen ständig übermüdet und nervös.

Freundlich baue ich Kontakt zu dem Jungen auf. Dann frage ich ihn, ob es in Ordnung ist, wenn wir zusammen an seinen Problemen arbeiten – ob er gern versuchen würde, eine Möglichkeit zu finden, ruhig zu schlafen und sich besser zu fühlen. Er nickt. Ich frage ihn, ob er gern möchte, dass seine Mutter währenddessen mit uns im Raum ist. Er möchte lieber, dass sie nach draußen ins Wartezimmer geht.

Ich erkläre ihm anhand der Lichtkugel, wie die Seelenrückholung funktioniert. Er versteht es gut.

Ich bitte ihm, ein Bild von seiner Seelenenergie zu malen. Noch während er zeichnet, sehe ich, dass große Teile des Lichts fehlen. Ich frage ihn, wo sie seiner Meinung nach sind. Er sagt, dass er es nicht weiß. Ich frage ihn, ob er es gern herausfinden und das verlorene Licht vielleicht zurückbekommen möchte. Er sagt Ja.

Als ich ihn für die Seelenrückgewinnungsarbeit in Trance versetze, erzählt er mir, dass er seinen Vater und seine Mutter sieht. Sie streiten. Seine Eltern haben sich getrennt, als er zwei Jahre alt war.

Er erzählt mir, dass er schläft und dann in seinem Kinderbett aufwacht. Seine Eltern schreien, seine Mutter weint auch. Dann hört er seinen Vater mit lauten Schritten das Haus verlassen und die Tür hinter sich zuknallen.

Der Junge sagt, dass er mit seinem Vater geht. Ich frage ihn, ob er ihn körperlich begleitet. Er sagt Nein, dass aber seine helle Seelenenergie mit ihm geht. Sie verlässt sein Kinderzimmer, das Haus, folgt dem Vater. Dort ist sie immer noch.

Ich stelle Kontakt mit diesem Teil von ihm her und frage ihn, ob er in den Jungen zurückkehren möchte, wo er hingehört. Er sagt Nein, er will beim Vater bleiben.

Ich frage den Seelenteil des Jungen, was er braucht, um nach Hause zu dem Jungen zurückzukehren. Er sagt, dass der Vater versprechen solle, dass er ihn niemals wieder verlässt.

In Trance lasse ich den kleinen Jungen zu seinem Vater sprechen und ihn darum bitten. Der Vater antwortet: »Aber ich habe dich niemals verlassen! Ich musste von deiner Mutter weggehen, aber das hatte nichts mit dir zu tun! Ich bin immer für dich da.«

Der kleine Seelenteil des Jungen ist sehr überrascht, das zu hören; er dachte immer, dass sein Vater ihn verlassen hat. Jetzt ist er willens, in den Jungen zurückzukehren, der sehr froh darüber ist.

Ich frage den kleinen Seelenteil, der zurückgekommen ist, was er braucht. Er will die Zusicherung beider Eltern, dass sie ihn niemals verlassen werden. Ich sage ihm, dass ich sicher bin, dass beide ihm diese Zusicherung geben werden.

Später frage ich den kleinen Jungen, ob ich seiner Mutter erzählen darf, was passiert ist. Er erlaubt es. Sie sagt, dass sie ihren Sohn niemals verlassen würde, genauso wenig wie sein Vater.

Danach haben die Eltern die Aufgabe, ihrem Sohn zu erklären und erneut zu bestätigen, dass ihre Trennung nichts mit ihm zu tun hatte, sondern nur mit ihnen selbst, und dass es ihre Sache ist, damit zurechtzukommen, nicht seine. Sie sagen ihm, dass sie ihn lieben; obwohl sie kein Paar mehr sind, werden sie immer seine liebenden Eltern sein.

Danach folgen noch zwei Sitzungen mit dem Jungen und mehrere weitere allein mit seiner Mutter, damit er vollständig über die Trennung hinwegkommt. Selbst sein Vater kommt zu mir. Schon nach der ersten Sitzung hat der Junge kaum mehr Angst vor dem Einschlafen, und nach den beiden weiteren ist sie fast vollständig verschwunden.

In seiner letzten Sitzung malt er wieder seine Energiekugel: Sie ist voll und leuchtend. Auch seine Eltern fühlen sich jetzt insgesamt besser.

Jede Technik, die Menschen darin unterstützt, ihre Probleme zu lösen und sich besser zu fühlen, holt verlorene Seelenteile zurück. Es muss nicht immer eine schamanische Seelenrückholung sein. Massagen, sich selbst verwöhnen, einen langen Urlaub machen – auch so etwas kann genau das sein, was Teile Ihrer Seele brauchen, um endlich zu Ihnen zurückzukehren.

31

Frauen und Männer im Gleichgewicht – die Welt im Gleichgewicht

Wenn ich einen Menschen kennenlerne, lese ich sein Energiefeld wie ein Delfin – das habe ich immer schon so gemacht. Ich finde heraus, ob seine Seele zu Hause ist und was mir seine Energien über ihn verraten.

Es macht keinen Unterschied, ob die Leute arm oder reich, männlich oder weiblich, gut oder schlecht gekleidet sind – ich habe gelernt, dass die äußere Erscheinung zwar etwas darüber aussagen *kann*, wer ein Mensch wirklich ist, es letztlich aber nur selten tut.

Auch ob ein Mensch sich in aufgewühltem oder ruhigem Zustand befindet oder krank oder gesund ist, sagt nichts über seine Bewusstseinsebene aus. Manchmal sind Aufgewühltheit oder Krankheit genau die emotionale, psychologische, spirituelle und seelische Situation, die man braucht, um sich weiterzuentwickeln.

Auch ein Teil meines eigenen Weges verlief so. Seit meiner Pubertät litt ich jeden Monat an starken Menstruationskrämpfen. Sie waren dermaßen schmerzhaft, dass ich ein paar Tage im Monat nicht zur Schule und später nicht zur Arbeit gehen konnte, weil die Schmerzen mich ans Bett fesselten.

Ich hatte die ganze Zeit über gespürt, dass sich etwas in meinem Körper im Ungleichgewicht befand. Aber bei all meinen Routineuntersuchungen erklärte man mir, dass viele Frauen diese Probleme hätten und man eben damit leben müsse, wenn man besonders sensibel sei. Weil ich meine Menstruation niemals anders erlebt hatte, wuchs ich in der Überzeugung auf, dass ich nichts an meinen Schmerzen ändern könne. Auch in meinem Freundeskreis schien sich das, was die Ärzte gesagt hatten, zu bestätigen: Einige meiner Freundinnen hatten keinerlei Probleme, andere schienen so wie ich schmerzempfindlich zu sein und litten während ihrer Menstruation.

Dennoch blieb das Gefühl, keine wirkliche Erklärung für meine Krämpfe zu haben. Es fühlte sich einfach nicht richtig an, dass manche Frauen so starke Schmerzen erleiden mussten.

Ich hatte mich selbst immer als stark und gesund empfunden – außer an diesen wenigen Tagen im Monat. Ich organisierte mein ganzes Leben um sie herum.

Gleichzeitig suchte ich nach Wegen, meinen Zustand zu verbessern, und richtete meinen Blick nach innen, um den Grund für diese Schmerzen zu finden. Deswegen eignete ich mir schon in jungen Jahren Wissen über Yoga, gesunde Ernährung und die Psyche an. Diese monatlichen Schmerzen waren ein wichtiger Bestandteil des Prozesses, durch den ich mich für die unsichtbare Welt öffnete.

Erst mit vierzig Jahren erhielt ich endlich eine klinische Diagnose für die Schmerzen, unter denen ich 27 Jahre lang jeden Monat gelitten hatte.

Viele Jahre lang hatte ich nicht schwanger werden können, und schließlich suchte ich einen Spezialisten auf, den man mir empfohlen hatte. Nachdem er meinen Hormonspiegel getestet hatte und dieser in Ordnung war, teilte er mir mit, dass er nur sicher sein könne, dass auch wirklich alles in Ordnung sei, wenn er in einer Operation meine Gebärmutter untersuche. Ich stimmte zu.

Der Arzt fand die Ursache: Endometriose. Als er mir die Diagnose am Tag nach der Operation mitteilte, sagte ich nur: Endo-*was?!* Ich hatte noch nie davon gehört.

Etwa 75 Prozent aller Frauen leiden an Endometriose. Sie ist eine der häufigsten gynäkologischen Frauenkrankheiten überhaupt, trotzdem ist sie recht unbekannt. Als ich meinen Arzt nach dem Grund frage, antwortet er, dass die Gesellschaft und auch die Ärzte so abgestumpft seien und glaubten, dass es normal sei, dass Frauen Schmerzen leiden. Ein Ungleichgewicht des Gewebes in der Gebärmutter verursacht diese starken Schmerzen. Endometriose ist chronisch, aber nicht tödlich.

Die Schmerzen werden nicht durch eine erhöhte Empfindlichkeit verursacht; sie sind real, ausgelöst durch ein Gewebe-Ungleichgewicht. Studien haben gezeigt, dass Frauen mit Endometriose aufgrund ihrer Schmerzen tatsächlich mehrere Tage im Monat nicht zur Arbeit gehen können. Der Großteil der Frauen, die nicht schwanger werden können, leidet an Endometriose.

Meistens kann diese Krankheit nur durch eine Operation diagnostiziert werden. Da außerdem viele Frauenärzte der Meinung sind, dass die Menstruation nun einmal eine schmerzhafte Angelegenheit sei, blieb die Endometriose relativ unbekannt. Viele Frauen, die an Endometriose leiden, wissen es nicht einmal, so wie es bei mir 27 Jahre lang der Fall war. Als ich meinen monatlichen Schmerzen endlich einen Namen geben konnte, empfand ich große Erleichterung, weil ich nun die Ursache kannte und wusste, dass sie nicht von meiner eigenen Überempfindlichkeit herrührten.

Der Heilungsprozess, den ich durchlebe, hat mir nicht nur geholfen, mich selbst besser zu verstehen; er hat mir auch gezeigt, in welcher Hinsicht unser Planet *koyaanisqatsi* ist, aus dem Gleichgewicht. Außerdem bin ich dadurch zuversichtlicher und selbstbewusster geworden.

Wenn Sie eine lange Krankheit durchstanden haben, blicken Sie nicht auf das Leiden zurück, sondern auf den Gottessegen, dass eine Heilung möglich war. Und wenn Sie ein Problem, ganz egal welcher Natur, gelöst haben, erinnern Sie sich nicht an die schwierigen Momente, sondern an die Freude darüber, eine weitere Lebensprüfung bestanden zu haben. Beides zeigt einem, was in einem steckt, und stärkt das Selbstvertrauen für die nächsten Hindernisse, die zu meistern sind.

Bis heute hat die Wissenschaft nicht herausgefunden, was Endometriose verursacht oder wie man sie behandeln kann. Manchen Forschern zufolge ist sie auf Umweltverschmutzung und die in Boden und Nahrungsmitteln abgelagerten Hormone zurückzuführen; andere halten ungesunde und dysfunktionale Familienstrukturen für die Ursache. Ich glaube, dass an beidem etwas dran sein könnte. Nach den Wechseljahren verschwindet die Endometriose aufgrund des veränderten Hormonhaushaltes.

Das beste Heilmittel ist, schwanger zu werden und ein Kind zu gebären – als ob nur der gesamte Prozess, in dem man die mütterliche Fraulichkeit durchlebt, das notwendige Gleichgewicht herstellen kann. 75 Prozent aller Frauen mit Endometriose, die ein Kind zur Welt bringen, sind danach geheilt. Ich kann dankbar sagen, dass das auch bei mir der Fall ist. Heute habe ich das Glück, schmerzfrei zu sein – eine neue Lebenserfahrung.

Während meiner monatlichen Schmerzen hatte ich oft schreckliche Visionen von Frauen, die massenweise vergewaltigt und gefoltert wurden, in Kriegen, in ihrer Familie, in vergangenen Zeiten. Von Frauen, die verbrannt wurden. Bilder von der Menschheit, die die Erde verschmutzt, Löcher in sie bohrt, um sie ihrer Mineralien, ihres Öles, ihres inneren Blutes und ihrer Organe zu berauben.

Ich glaube, dass diese Krankheit – so wie andere – ein Resultat all dieser Ereignisse ist, die sich durch die Endometriose in Frauen auf dem ganzen Planeten manifestieren, bis sie endlich geheilt werden. In der Endometriose spiegelt sich die verwundete weibliche Energie unseres Planeten wider.

Dieser Spiegel zeigt uns, wie die weibliche Energie über Tausende von Jahren hinweg unterdrückt und benutzt und Mutter Erde ausgebeutet wurde. Die weiblichen und männlichen Energien auf unserem Planeten sind aus dem Gleichgewicht geraten; mittlerweile sind auch Männer auf der Suche nach einem Ausweg aus den starren Strukturen.

Wie geht das? Der erste Schritt liegt im Bewusstwerden. Darin, sich einzugestehen, wie es um unseren Planeten, aber auch um die Männer und Frauen im Augenblick bestellt ist. Schon dadurch wird sich etwas verschieben.

Nicht mehr so tun, als sei alles in Ordnung; aufhören, einfach wegzusehen. Dem Problem in die Augen sehen, es beobachten, anerkennen und wahrnehmen, es auf diese Weise ehren.

Aus diesem Gewahrwerden folgt der nächste nötige Schritt: Sei es, Ihre eigenen inneren Wunden zu heilen oder Ihre Umgebung dabei zu unterstützen, wieder ins Gleichgewicht zu kommen. Sei es der Versuch, die ungesunden Strukturen in Ihrer Familie oder an Ihrem Arbeitsplatz zu heilen. Sie wissen selbst am besten, was Sie tun können.

Sanftmut und Einfühlungsvermögen – das, was ich an Delfinen und Walen liebe – sind auch der Schlüssel, um die göttliche Weiblichkeit aus ihrer Schattenexistenz wieder auf den Planeten zurückkehren zu lassen.

Die Erde, so besagt es die schamanische Überlieferung, ist ein weiblicher Planet, weil sie nährende Eigenschaften aufweist, so wie die Sonne wegen ihrer erwärmenden Eigenschaften männlich ist. Weibliche Sanftmut und Fürsorge sowie männliche Stärke, weibliches Einfühlungsvermögen und Mitgefühl sowie die männliche Fähigkeit, sich auf ein Ziel zu konzentrieren, müssen sich in einem gesunden Gleichgewicht miteinander befinden.

Es gibt eine wunderschöne indianische Geschichte über die Weiße Büffelfrau, die von der Wichtigkeit dieses Gleichgewichts erzählt. Sie gilt als die wichtigste Geschichte in der Mythologie der nordamerikanischen Indianer.

Einst gab es eine Hungersnot. Der Häuptling sendete zwei Späher aus, die Nahrung jagen sollten. Auf ihrem Weg entdeckten die Späher in der Ferne eine Gestalt. Als sie näher kamen, erkannten sie, dass es eine wunderschöne junge Frau in weißer Kleidung war.

Einer der Späher empfand starkes Begehren nach dieser Frau. Er näherte sich ihr, erzählte seinem Begleiter, dass er versuchen würde, sie zu umarmen. Wenn sie ihm gefiele, würde er sie zu seiner Frau erklären. Sein Begleiter warnte ihn, dass sie wie eine heilige Frau aussehe und es eine Torheit wäre, Frevel an ihr zu begehen. Doch der Späher ignorierte seinen Rat.

Der Begleiter beobachtete, wie sich der Späher anschlich und die Frau umarmte. Eine weiße Wolke umschloss das Paar. Nach einer Weile verschwand die Wolke und nur die mysteriöse Frau war noch da. Vor ihr auf dem Boden lagen die bloßen Knochen des Spähers.

Der zweite Späher fürchtete sich und zog seinen Bogen, doch die Frau winkte ihn herbei und sagte ihm, dass sie ihm kein Leid zufügen würde. Sie erklärte ihm, dass seine Waffen ihr nichts anhaben könnten. Wenn er tat, was sie sagte, wollte sie seinem Stamm helfen, die Hungersnot zu überstehen.

Und so war es auch. Der Späher brachte die Frau zu seinem Stamm und erzählte, was geschehen war. Die Weiße Büffelfrau wurde ehrenvoll behandelt, und im Gegenzug lehrte sie den Stamm viele heilige Rituale und half den Menschen, sich mit der Quelle von allem, was ist, zu verbinden und in Harmonie und Ausgewogenheit zu leben.

Diese Geschichte soll uns alle lehren, uns selbst folgende Fragen zu stellen: Beuten Sie Frauen und die göttliche Weiblichkeit aus? Nehmen Sie sich, so wie der erste Späher, einfach alles, was Sie haben wollen, ohne einen Gedanken an Ihr Gegenüber, Ihre Umwelt, die nächsten sieben Generationen zu verschwenden? Oder ehren, respektieren und leben Sie, wie der zweite Späher, die universellen Gesetze und das Gleichgewicht? Nutzen Sie andere aus? Oder schenken Sie den Menschen um sich herum Wärme, Inspiration und Nahrung auf allen Ebenen? Ehren Sie auch innerlich das Weibliche in Ihnen selbst - oder lassen Sie sich ausbeuten?

Diese Fragen betreffen sowohl Männer als auch Frauen, denn wir alle tragen das Männliche und das Weibliche in uns.

Jeder muss sie für sich selbst beantworten. Meistens befinden wir uns in vielen Lebensbereichen im Gleichgewicht, aber nicht in allen.

Patriarchat und Matriarchat sind strukturelle Systeme, die eine Störung weiblicher und männlicher Energien verursachen. Wir sind alle sowohl männlich als auch weiblich. Wir können mit diesen Elementen spielen und eindeutig maskulin oder feminin, aber ebenso gut beides zugleich sein.

Ein ausgewogenes Verhältnis zwischen weiblichen und männlichen Aspekten ist schöpferisch. Es gebiert Kinder, Projekte, Gärten, Musik. Gleichgewicht führt uns zum Erfolg, lässt uns positiv sprechen und handeln. Es ist die helle Seite, die den Menschen mit seiner inneren Weisheit und der Quelle verbindet. Die Handlungen eines ausgeglichenen Menschen entsprechen den Universellen Gesetzen.

Begeisterung
fürs Leben

»Nur wer seine Träume lebt, kann seine Sehnsucht stillen«, sagte einst einer meiner Lehrer. Wenn man seine Lebensaufgabe, seinen Daseinszweck nicht auslebt, entsteht großes Leid. Und man spürt es. Zu wissen, dass man kein erfülltes Leben führt, verursacht unbeschreibliche Schmerzen. Jeden Morgen erwacht man mit dem Gedanken: »Oh nein, was soll ich mit diesem Tag nur anfangen.« Monat für Monat, Jahr für Jahr.

Nicht jeder hat die Lebensaufgabe, die Welt zu verändern. Für manche Menschen besteht sie einfach nur darin, ruhig dazusitzen, sich zu entspannen, auszuruhen und ein einfaches Leben zu führen. Sie müssen selbst herausfinden, worin Ihre besteht. Vielleicht darin, Menschen zum Lachen zu bringen?

Der einzige Mensch, der Ihre Lebensaufgabe kennt, sind Sie selbst. Wenn Sie sie gefunden haben, macht es Sinn, morgens aufzustehen, Sie wissen, was Sie zu tun haben, und fühlen sich gut dabei. Ihre Lebensaufgabe – Sie lieben sie. Sie mag eine große Herausforderung darstellen, aber Sie wissen, dass Sie genau das tun müssen. Sie ist das, was Sie innerlich wachsen und Ihre Seele glühen lässt.

Der Weg zum Erkennen des wahren Seelenzwecks ist oft steinig und voller Herausforderungen. Es kann passieren, dass Sie Ihre Herkunftsfamilie loslassen müssen, selbst einen ganzen Freundeskreis; dass Sie einen Job verlieren oder aufgeben, das Leben, das Sie gewöhnt sind. Leben Sie keine Rolle, die andere für Sie geschrieben haben. Manchmal bedeutet Nein sagen, Ja zu sich selbst zu sagen.

Seiner wahren Berufung zu folgen bedeutet auch, Ablenkungen aufzugeben, mit denen Sie es sich gemütlich gemacht haben – obwohl Sie tief in Ihrem Inneren wissen, dass sie nicht Ihr Lebensinhalt sind. In der Regel muss man also seine Komfortzone verlassen – all das, was vertraut, aber häufig unerfüllend ist.

Ein Umfeld, das Ihr Wachstum nicht unterstützt, blockiert Sie. Es ist eine Reflexion der Schattenseiten in Ihnen selbst – Ihrer eigenen Ängste, Ihrer eigenen Vorurteile gegenüber sich selbst, die Sie blockieren.

In jedem von uns wartet etwas darauf, erschaffen zu werden. Es ist der Mittelpunkt unseres Lebens, selbst wenn wir versuchen, es zu ignorieren oder kleinzureden. Oft wird dieses Etwas über Jahre, manchmal sogar Jahrzehnte hinweg von Ängsten, Schuldgefühlen oder Unentschlossenheit verdeckt.

Vielleicht haben Sie das Gefühl, zwei Leben zu leben: das eine, zu dem Sie gezwungen werden, das Sie aber eigentlich nicht wollen, und das andere, von dem Sie nur träumen. Sie können dafür sorgen, dass sich diese beiden Leben immer weiter aufeinander zubewegen – und schließlich werden Ihre Träume zur Wirklichkeit.

Wenn wir daran gehen, alles aus dem Weg zu räumen, das nicht wirklich ein Teil von uns ist, und aufhören, an unseren Fähigkeiten zu zweifeln, dann können wir die Aufgabe erfüllen, die uns bestimmt ist. Nur so ist ein wirklich erfülltes und aufrichtiges Leben möglich.

Dann kommen Sie bei sich selbst an. Ganz plötzlich begreifen Sie und fragen sich, warum Sie eigentlich so lange gekämpft haben.

Wenn Schwierigkeiten und Probleme erst einmal gelöst sind, sehen sie immer ganz einfach aus. Aber ein großer Schritt, der Sieg, ist immer das Ergebnis vieler kleiner Schritte. Anstatt sich zu fragen, warum Sie so lange gebraucht haben, um an diesem Punkt anzukommen, können Sie dankbar und glücklich sein, dass Sie ihn endlich erreicht haben.

Seien Sie ehrlich mit sich selbst: Was ist Ihr wahrer Herzenswunsch? Haben Sie keine Angst vor Ihrer eigenen Leidenschaft, denn sie wird Sie auf ganz natürliche Weise antreiben, stimulieren und stärken.

Überprüfen Sie, ob Ihr beruflicher Weg Ihren wahren Interessen entspricht. Beurteilen Sie aufrichtig, wie Sie Ihre Zeit verbringen. Machen Sie eine Liste Ihrer Prioritäten. Nehmen Sie Unterricht, suchen Sie sich ein Hobby, das Sie wirklich spannend finden. Investieren Sie Zeit und Geld, um Ihre Träume wahr werden zu lassen. Erlauben Sie sich selbst, loszulegen.

Hören Sie auf Ihre Träume.

Sie werden den Ausbruch der Leidenschaft in Ihrem Leben auslösen.

Schwimmen mit den ganz großen Walen

Ich bin bereit, mit den Buckelwalen zu schwimmen, das ist mein Lebenstraum. Es sind nur noch wenige Wochen bis zu meinem Vortrag vor den Vereinten Nationen.

Ein Teil meiner Arbeit mit Walen, Delfinen und Ozeanen besteht darin, auf die Schönheit und Zerbrechlichkeit des Lebens in den Meeren und an Land aufmerksam zu machen. Deswegen werde ich 2007, im Jahr des Delfins, eingeladen, vor der UN zu sprechen. Ich soll einen neunzigminütigen Vortrag über Delfine, Wale und Frieden in der Welt von heute halten.

Ric O'Barry, der Trainer des Delfins, der »Flipper« spielte, hat dem Delfintraining den Rücken gekehrt und engagiert sich nun aktiv für die Rechte der Delfine. Vor ein paar Tagen hat er mir gemailt. Er wünscht mir viel Erfolg für meinen Vortrag und hat Informationen über das Abschlachten von Delfinen im japanischen Taiji beigefügt, das zu diesem Zeitpunkt noch keiner größeren Öffentlichkeit bekannt ist. Nur ein paar Jahre später gewinnt der Film *Die Bucht*, der Ric O'Barrys Arbeit als Delfinschützer in Japan dokumentiert, einen Oscar in der Kategorie »Bester Dokumentarfilm«.

Jetzt, nur wenige Wochen vor meinem Vortrag, wegen dem ich nervös bin, bitte ich die Wale, mir mit ihrer gewaltigen Größe und Stärke zu helfen, mit Kraft und Weisheit diese neunzig Minuten professionell und in ihrem besten Interesse herüberzubringen.

Buckelwale sind riesig. Sie sind die drittgrößte Walart auf dem Planeten. Das Herz eines Buckelwals hat das Gewicht dreier erwachsener Menschen.

Nachts kann ich sie singen hören, mein Haus ist nahe an der Küste. Ich träume auch von ihnen; sie rufen nach mir.

Am Morgen gehe ich an den Strand, sehe aber nichts. Doch ich spüre, dass sie da sind. Als ich ins Wasser gehe, um mich kurz zu erfrischen, und untertauche, höre ich wieder ihren magischen Gesang. Ich schwimme an die Oberfläche zurück und sehe, wie einer von ihnen Wasser spritzt.

»Es ist Zeit«, höre ich sie singen. Ich hole mir ein Bodyboard, auf dem ich ausruhen kann, während ich darauf warte, dass die Wale kommen, und paddle langsam darauf in die Bucht hinaus. Ich schwimme eine halbe Stunde lang, das Wasser hier ist tief und ich kann den Grund nicht mehr sehen.

Ich male mir aus, dass mich ein weißes Licht schützt, und bitte die Ozeanmutter um Erlaubnis, in sie einzudringen, damit ich ihre Geschöpfe in ihrem Heim und Lebensraum besuchen kann. Sie gewährt mir beides. Ich bin sicher.

Ich treibe in der Mitte der Bucht. Hin und wieder sehe ich die Wale an unterschiedlichen Stellen auftauchen, aber ich schwimme nicht auf sie zu. Sie werden zu mir kommen, wenn es so sein soll. Aufgeregt erwarte ich ihre Ankunft – und gleichzeitig bin ich tiefenentspannt, in Trance. Ich spüre, wie mich ihre Vibrationen unter Wasser einhüllen.

Ich denke über die letzten Jahre nach, über meine Begegnungen mit Walen an der Küste und auf Booten; an die Botschaften, die ich von ihnen und in meinen Träumen erhalten habe. Eine ihrer Botschaften bestand darin, dass sie mich genauso wie die Delfine darum baten, mit ihnen zusammen andere Menschen zu heilen. Mit derartigen Botschaften bin ich sehr vorsichtig, ich will ganz sicher sein, dass sie nicht meinem Wunschdenken entspringen.

Mit diesen Gedanken im Kopf treibe ich auf meinem Wellenbrett durch die Bucht. Die Wale habe ich seit etwa fünfzehn Minuten nicht mehr gesehen. Ich habe keine Ahnung, wo sie sich gerade aufhalten. Wieder frage ich mich, ob es mir wirklich bestimmt ist, mit den Walen arbeiten zu dürfen. Ich bitte sie um ein ganz klares Omen, ein Zeichen, von dem ich sicher weiß, dass es Ja bedeutet – oder auch Nein.

Der Wal taucht zehn Sekunden später direkt vor mir auf. Es ist ein Junges, ein Baby, und es schwimmt noch näher zu mir, ich kann es fast berühren. Seine Augen mustern mich voller Neugier und Intelligenz.

Das Walbaby, das ganz plötzlich aus dem Nichts vor mir aufgetaucht ist, erfüllt mich mit Ehrfurcht. Ich fühle eine noch größere Präsenz – die Mutter muss ganz in der Nähe sein. Ich spüre, dass sie sich direkt unter mir und dem Jungen befindet.

Ich sehe nach unten – und da ist sie, nur einige Meter unter uns, sie hat sich auf die Seite gedreht und sieht zu uns hoch. Unverwandt sieht sie mich an, nimmt mich genau unter die Lupe. Ich kann in ihrem Auge sehen, dass sie mit meiner Anwesenheit einverstanden ist. Es blickt mich freundlich und voller Wärme an.

Ich fange an zu weinen – wie von selbst dringt es von ganz tief unten in meinem Bauch nach oben, ein Weinen aus Liebe und Glück, aus unglaublicher Erleichterung und Befreiung.

»Alles ist gut«, spüre ich die Mama sagen.

Sie ist so gigantisch, direkt unter mir, und dennoch spüre ich ihre Sanftmut. Sie könnte mich mit einem einzigen Zucken ihrer Flosse töten – doch sie ist sanftmütig.

»Sag den Menschen, dass sie sanfte Krieger des Lichts sein sollen. Dass sie für Liebe und Frieden eintreten sollen«, sagt sie. »So wie wir – die größten Lebewesen auf dem Planeten – sanftmütig und liebevoll sind.«

Ihre Weisheit ist so uralt, ich fühle die Wahrheit in jedem Wort, das sie sagt. Ich weine noch immer. Was für eine Erleichterung, zu fühlen, was ich immer schon geahnt habe. Es ist wie das Erwachen einer alten Erinnerung.

Für mich ist es ein tiefgehendes Öffnen.

Unsere Begegnung dauert etwa eine Viertelstunde. Das Junge schwimmt mehrere Male nah an mich heran, dann entfernt es sich ein bisschen, nur um gleich wieder zurückzukehren. Ein neugieriges und sehr, sehr großes Baby. Die Mama bleibt immer in unserer Nähe.

In einiger Entfernung – ich kann seine Konturen nur verschwommen im Wasser erkennen – ist ein männlicher Buckelwal erschienen. Mit einer Mutter und einem erst wenige Monate alten Baby schwimmt fast immer auch ein männlicher Wal. Wissenschaftler bezeichnen diese Männchen als »Eskorte«. Ich glaube, dass sie da sind, um Mutter und Kind Rückhalt und Stärke zu geben, genauso wie bei Delfingeburten, bei denen männliche Delfine die gebärende Mutter und ihre weiblichen Hebammen wie ein Schutzschild umringen.

Nach einer Viertelstunde tauchen die Wale ab und verschwinden in der Dunkelheit der Tiefe. Langsam schwimme ich zur Küste zurück.

Am Strand bringe ich ein Opfer dar, um den Walen und der Ozeanmutter zu danken, und singe ihnen ein Lied.

Zu Hause esse ich eine riesige Mahlzeit und lege mich hin, um mich auszuruhen. Obwohl ich müde bin, kann ich nicht schlafen – mein Körper summt vor Energie und all den Informationen, die auf mich downgeloaded wurden. Es ist Zeit, zu träumen.

Stundenlang liege ich träumend da, den ganzen Tag über lasse ich die immense Energie und Präsenz der Wale sacken. Ich fühle, wie sich die Energie in meinem Körper rührt und umstrukturiert; Gefühle des Friedens, der Liebe, des Verständnisses; ein tiefes Wissen, dass alles richtig und gut ist, genau so, wie es ist.

Am Abend schlafe ich mit dem Gesang der Wale in der Bucht in den Ohren endlich ein. Der Download arbeitet noch immer in meinen Zellen. Ich träume von den Walen.

Träumen

Ich bin eine Träumerin. Seit meiner Kindheit sind Träume meine stärkste Medizin. Nicht nur meine nächtlichen Träume, selbst meine Tagträume leiten mich – mit klaren Zeichen und Hinweisen, auch mit Warnungen. Manchmal besuchen mich meine Vorfahren und Spirits in meinen Träumen.

Meine gesamte Realität ist »geträumt«; alle meine Ideen und Seminare, die Delfine, das Leben, dieses Buch kommen durch Träume zu mir.

Träume sind meine wichtigsten Helfer und Wegbegleiter. Sie helfen mir, Glück, Gesundheit, Liebe, Freude und Sinnhaftigkeit in meine Realität zu weben.

Oft sind meine Träume so real wie das Wachsein, und was ich träume, ereignet sich später tatsächlich.

Ich träume, umgeben von Delfinen. Sie schwimmen um mich herum, umhüllen mich wie die Blütenblätter einer Blume, einer Rose. Ich befinde mich in ihrer Mitte. Reine Seligkeit, Freude, Liebe. Sie rufen mich.

Ich habe diesen Traum mehrfach, auch tagsüber: Plötzlich sind sie da, alle um mich herum.

Ich sehne mich nach der Sanftheit, Sensibilität und Weichheit in den Menschen, die ich bei den Delfinen und Walen erlebt habe.

Ich reise, um wieder mit ihnen zusammen sein zu können. Am ersten Morgen, an dem ich mit ihnen schwimme, erlebe ich genau das, was ich geträumt habe.

Viele Menschen kennen diese Rufe von Delfinen und Walen. Es ist klug, sie ernst zu nehmen, die Botschaft und die Heilkraft darin zu erkennen. Medizin muss keine Tablette sein – sie kann eine Wolke, ein Baum oder ein Tier sein.

Die Traumzeit bringt Ruhe und Erholung vom Alltag, sie ermöglicht es anderen Ebenen, an die Oberfläche zu steigen. In ihr können wir uns mit der Energie hinter allem, was ist, verbinden, mit der unsichtbaren Welt, dem großen Mysterium.

Träume sind wunderbare Erfahrungen, die uns helfen, unsere Probleme zu lösen. Sie können Ihnen viel verraten. Manchmal sieht man in ihnen die Vergangenheit und die Zukunft. Man begegnet auch Menschen, die einmal ein Teil des eigenen Lebens waren oder es sein werden.

Es gibt wunderschöne Träume, aber auch solche, die uns Angst einjagen. Erfreuliche Träume können Ihnen verraten, wohin Ihre Seele in dieser Nacht gereist ist. Unangenehme Träume zeigen Ihnen, wovor Sie Angst haben. Sie machen Sie darauf aufmerksam, damit Sie lernen können, Ihre Ängste aufzulösen.

Träume werden Sie niemals verletzen. Sie kommen als Freunde zu Ihnen, um Ihnen zu helfen. Wenn Sie Ihre unangenehmen Träume einem anderen Menschen erzählen, werden Sie sehen, dass Ihre Angst sofort abnimmt oder sogar ganz verschwindet. Von da an werden Sie häufiger schöne Träume haben. Träumen unterstützt Sie in der Realität.

Wenn Sie sich nach dem Aufwachen nicht an Ihre Träume erinnern können oder sie verwirrend waren, ist das nicht schlimm – denn Ihre Seele versteht diese Träume und wird für Sie alle Probleme lösen, die gelöst werden müssen.

Es gibt auch Träume, in denen Sie mit Gott und den Engeln sprechen. Sie können Sie nachts besuchen und in ihrer Welt leben.

Manchmal arbeiten Sie Seite an Seite mit den Engeln und helfen Wesen in einem anderen Sonnensystem, zu heilen.

Kein indigenes Volk ist so bekannt für seine Traumarbeit wie die australischen Aborigines. Für sie besteht kein Unterschied zwischen Traumwelt und Wachzustand. Die Traumzeit ist für sie sogar wichtiger und realer.

Ganz gleich, ob Sie wach sind oder schlafen – der Traum ist die Energie hinter allem, was ist. Er ist die Kraft, die hinter den sichtbaren Dingen in der unsichtbaren Welt fließt. Er durchströmt alle Geschöpfe, er ist die Grundsubstanz der materiellen Welt. Die Kraft des Träumens spiegelt sich in allen Dingen wider, sie vibriert direkt hinter der alltäglichen Welt.

Am Anfang ist der Traum, sagen die Aborigines. Der Traum erschafft den Baum, die Kinder, den Ehepartner – einfach alles. Die Ahnen haben das Land geträumt, auf dem sie leben. Die Kultur der Aborigines hat es ihnen ermöglicht, 150.000 Jahre lang friedlich mit der Natur und ihrer Umwelt zusammenzuleben.

Wenn man das Träumen vernachlässigt, vernachlässigt man mehr als das halbe Leben, sagen die Aborigines. Sie treffen sich, um gemeinsam zu träumen, führen Traumzeitzeremonien durch – all das sind Bemühungen, in den Zustand der Traumzeit zurückzukehren. Ihre Walkabouts sind Wanderungen in der Traumzeit – letzten Endes dasselbe wie die indianischen Medizinwanderungen. Man betritt die unsichtbare Welt.

Auf Hawaii beginnt der Tag in der Nacht, weil alles, was tagsüber erschaffen wird und stattfindet, aus den Nachtträumen herrührt. Auf Hawaii und in vielen anderen alten Kulturen setzt man sich nach dem Aufstehen als Erstes mit seiner Familie zusammen, und alle erzählen von ihren Träumen. Man berichtet, was man geträumt hat, um im Gleichgewicht mit der Natur und dem Leben zu bleiben.

Die malaiischen Senoi bringen ihren Kindern bei, ihre Träume zu vervollständigen. Geschieht in einem Traum etwas Angsteinflößendes, fordern sie die Kinder auf, den Traum mit einem positiven Ausgang zu Ende zu visualisieren.

Begegnet das Kind im Traum beispielsweise einem Ungeheuer, soll es dieses fragen, was für ein Geschenk es mitgebracht hat. Und in Fallträumen sollen die Kinder einfach losfliegen.

Dann ist der Traum nicht mehr angsteinflößend und verwirrend, sondern etwas Schönes, ein wunderbarer Teil des Lebens. So kann das Kind den Wachzustand als eine Fortführung der Traumphase begreifen.

Jeder Mensch kann seine Träume selbst am besten lesen: Wie haben Sie sich nach dem Erwachen gefühlt? Was haben Sie im Traum empfunden? Meistens stammen diese Gefühle von Ihrem Leben im Hier und Jetzt ab.

Träume sind Botschaften der Seele. Lesen Sie die Post, die Sie nachts bekommen. Sie werden in Ihrem Traum viele Antworten finden. Folgen Sie auch Ihren Tagträumen.

Träumen Sie Ihr Leben.

Lassen Sie Ihre Träume in Ihrem Leben zur Realität werden.

35

Kinder der Neuen Zeit

Ich träume von einem früheren Leben. Es liegt in einer lange vergangenen Zeit. Ich bin eine buddhistische Nonne in Südostasien. Mein Kopf ist rasiert.

Ich liebe es, eine Nonne zu sein und zu meditieren. Es macht mich glücklich, für andere Menschen da zu sein. Wir leben in friedlichen Zeiten, es gibt keinen Krieg und keine bittere Armut.

Ich lebe in einem großen Tempel, zu dem auch ein Waisenhaus gehört. Der nahe gelegene Wald ist atemberaubend schön, dort gibt es auch einen Fluss, an dem ich gern sitze.

Ich arbeite mit den Kindern im Waisenhaus und biete den Menschen, die zu mir kommen, Unterstützung und Führung. Die Menschen in der Gegend respektieren und ehren mich für das, was ich tue.

Ich werde sehr alt. Ich bin glücklich – jedenfalls fast. Was mir in diesem Leben nicht erfüllt wird, ist mein tiefer Wunsch, eigene Kinder zu haben, die Erfahrung der Schwangerschaft, Geburt und Mutterschaft zu durchleben.

Ich erwache aus meinem Traum. Mein tiefer Wunsch, eigene Kinder zu haben – auch in diesem Leben musste ich Geduld beweisen. Schon als kleines Mädchen wusste ich, dass ich Mutter sein möchte, wenn ich erwachsen bin. Aber die Quelle hat mich warten lassen. Viele, viele Jahre lang.

Ich kenne Menschen, die keine Kinder möchten, weil sie diese Erfahrung in vergangenen Leben schon oft genug gemacht und nun andere Aufgaben zu erfüllen haben. Aber ich bin keine von ihnen. Ich habe immer gespürt, dass die Mutterschaft ein wichtiger Bestandteil meiner Reise durchs Leben sein würde, dass ich meinen Kindern viel geben, aber auch selbst viel von ihnen empfangen und lernen könnte.

Immer, wenn ich meine Helfer danach frage, sagen sie: »Nur Geduld, die Kinder werden kommen.« Dass ich Vertrauen haben solle. Und daran halte ich mich, auch wenn dieses Vertrauen oft eine große Herausforderung ist.

Ich bin in meinen Dreißigern, viele meiner Freunde sind mit ihren neuen Familien beschäftigt – ich selbst habe alle Hände voll mit meinen Klienten und Schülern zu tun. Ich wende all meine nährende, mütterliche und fürsorgliche Energie auf, um sie auf ihrer Reise zu unterstützen. Ich helfe ihnen dabei, Verbindung mit den Delfinen und Walen aufzunehmen, leiste schamanische Heilungsarbeit, diene als Channel für jede Art von Frage, mit der sie zu mir kommen: Arbeit, Seelenzweck, Liebesleben, Familie, Kinder.

Oft arbeite ich auch mit ihren Kindern. Und jedes Mal frage ich mich danach: Wann werde ich selber Kinder bekommen?

Ich weiß, dass ich durch meine Kinderlosigkeit die Möglichkeit habe, meine spirituelle Arbeit zu vertiefen und innerlich zu wachsen, meiner Lebensaufgabe nachzugehen. Reisen, Freiheit und Wachstum erleben, Erfahrungen sammeln mit den Tausenden von Menschen, die ich auf meinem Weg unterstütze.

Doch dann, mit vierzig Jahren, ist es genug: Ich weiß, dass es jetzt wirklich an der Zeit ist; ansonsten wird mein Körper nicht mehr dazu in der Lage sein, Kinder zu bekommen, meine biologische Uhr tickt.

Ich bin auf Hawaii, bete aus ganzer Seele dafür, endlich schwanger zu werden. Ich führe eine Zeremonie durch und weine, so tief ist meine

Sehnsucht. Ich sitze neben einem kleinen Baum in einer überdachten Höhle am Ozean, die ich oft aufsuche.

Während der Zeremonie schließe ich meine Augen. Mein Geisthelfer ist gekommen, und zum ersten Mal lautet seine Antwort nicht: »Hab Geduld – hab Zuversicht – die Kinder werden kommen.« Diesmal antwortet er: »Ja, jetzt ist es an der Zeit. Du wirst in einigen Monaten schwanger sein. Mit Zwillingen.« Sie verraten mir ihre Namen.

Ich bin überglücklich, aber gleichzeitig zweifle ich an dem, was ich gehört habe. Was, wenn es bloßes Wunschdenken war und ich diese Antwort nur in meiner Einbildung gehört habe?

»Öffne deine Augen«, sagt mein Geisthelfer. Um mich herum sind Hunderte von weißen und gelben Schmetterlingen.

Staunend sehe ich sie an, Tränen laufen meine Wangen hinab. Überall Schmetterlinge.

Das Wunder, es kommt, ganz einfach und leicht und zart, wie die Schmetterlinge. Das Wunder eines neuen Lebens.

Wieder öffnet sich etwas in mir.

Und so ist es. Ein paar Monate später bin ich schwanger. Ich weiß, dass es Zwillinge werden, aber mein Arzt bezweifelt es, auf dem Ultraschall kann er nur ein Baby erkennen. Dennoch bin ich mir sicher.

Bei der nächsten Untersuchung teilt mir der Arzt mit, dass mit dem Baby alles in Ordnung zu sein scheint. Ich bitte ihn, sich noch einmal zu vergewissern, ob da nicht doch vielleicht noch ein zweites Baby ist. Er zuckt mit den Achseln, gibt mir damit zu verstehen, dass er das noch immer nicht glaubt, und bewegt das Ultraschallgerät noch einmal hin und her, nur um mir einen Gefallen zu tun. Dann starrt er ungläubig auf den Monitor. Da ist noch eins! Normalerweise, erzählt er, fallen die Eltern in Ohnmacht, wenn sie hören, dass sie Zwillinge erwarten. Dieses Mal ist er selbst kurz davor, vor Verblüffung umzukippen.

An meinem 41. Geburtstag ist mein Bauch groß und rund mit meinen kleinen Mädchen, eineiigen Zwillingen. Ich fühle mich wie ein Wal, wunderbar! Einige Monate später werden meine Töchter geboren, sie landen sicher auf dieser Welt.

Mit meinen Kindern habe ich eine neue Lebensreise angetreten. Ich denke oft darüber nach, wie ich sie durch die großen Mysterien und Wunder des Lebens begleiten kann. All die Dinge, die ich gelernt und begriffen habe, gehen mir durch den Kopf. Ich spüre, dass ich so weit bin, all das mit Integrität weitergeben zu können.

Ich bin bereit, meinen Kindern dabei zu helfen, eine gesunde Weltsicht und Selbstachtung zu entwickeln, damit sie selbstbewusst und stark werden. Damit sie ein glückliches Leben in Überfluss und materiellem Wohlstand, voller Freude, spirituellem Bewusstsein und Liebe führen können.

Wir wollen unsere Kinder vor Überbelastung und Selbstentfremdung schützen. Wieder orientiere ich mich am Beispiel der indigenen Völker. An Menschen, die stets versucht haben, in Harmonie und Gleichgewicht mit der Erde zu leben, ohne Natur und Tiere auszubeuten, zu zerstören.

Bringen Sie Ihren Kindern schon in jungen Jahren alles über die Natur und die Naturgesetze bei. Sprechen Sie mit Ihrem Kind darüber, dass das Universum die Quelle, die Sonne der Vater, die Erde die Mutter ist und der Mond die Großmutter und dass die Sterne der Großvater und die Ahnen sind – dann werden sie sich im Universum zu Hause fühlen. Erklären Sie Ihrem Kind, dass die Erde ein Lebewesen mit einem Bewusstsein ist – genauso wie wir Menschen. Sie ist nicht einfach nur ein Ding – sie ist lebendig. Und das sind auch all die Steine und Pflanzen darauf. Zeigen Sie Ihrem Kind, dass Bäume und Pflanzen und Blumen sprechen können.

Erzählen Sie ihm von Engeln und Sternenwesen, Devas und Elfen. Bringen Sie ihm bei, Energie zu sehen, wie man eine Aura erkennt und wie es Licht und Farben nutzen kann, um sich selbst zu schützen. Zeigen Sie ihm, wie es spüren kann, was ihm guttut und was nicht, damit es seine eigene Autorität sein kann.

Sprechen Sie mit Ihrem Kind über die Liebe. Spielen und kuscheln Sie mit ihm, seien Sie liebevoll und einfühlsam.

Education, das englische Wort für Erziehung, kommt aus dem Altgriechischen und bedeutet »Weisheit weitergeben«. Kinder wollen erkennen, wer sie selbst sind, und Sie können ihnen dabei helfen. Lassen Sie sich morgens von Ihrem Kind seine Träume erzählen. Achten Sie seine Wünsche, persönlichen Vorlieben, Begabungen. Hören Sie ihm zu.

Fragen Sie es, woher es gekommen ist und was es mit seinem Leben vorhat. Was machst du am liebsten, was kannst du am besten und warum bist du auf die Erde gekommen?

Helfen Sie Ihrem Kind, sein Krafttier zu finden. Unterstützen Sie es darin, eine Verbindung zu Tieren und der Natur aufzubauen.

Nehmen Sie es so früh wie möglich mit zum Schwimmen in warmem Wasser, damit es ein Bewusstsein für Delfine und ihre Botschaften entwickeln kann. Meine Kinder haben angefangen zu schwimmen, als sie zwei Monate alt waren. Ich hätte sie gern im Ozean bei den Delfinen zur Welt gebracht, doch da das mit Zwillingen zu kompliziert war, habe ich stattdessen Delfinklänge bei der Geburt abgespielt, die mit wunderschöner, entspannender Klaviermusik untermalt waren. Die Delfine waren bei uns.

In der Welt, in die die Kinder der Neuen Zeit uns führen, werden wir uns unserer intuitiven Gedanken und Gefühle bewusster. Mehr und mehr Menschen entdecken ihre übernatürlichen Fähigkeiten. Das Interesse am Übernatürlichen ist schon jetzt auf einem bislang unerreichten Höchststand, es gibt Bücher, Fernsehsendungen und Filme über das Thema. Deswegen ist es kaum eine Überraschung, dass die neuen Generationen telepathisch begabt sind.

Sie haben eine gute Verbindung zur Quelle, sind kommunikativ und liebevoll. Man nennt sie auch Indigo- oder Kristallkinder, weil sie uns auf eine höhere Ebene der Güte und Sensibilität führen. Die Indigokinder – inzwischen sind einige von ihnen schon Erwachsene – sind gekommen, um die Welt dabei zu unterstützen, zu einer höheren Schwingungsebene aufzusteigen, auf der Liebe und Einfühlungsvermögen keine Ausnahme mehr sind, sondern die Norm.

Neben den Indigokindern gibt es auch Sternenkinder. Sie sind Seelen, die aus der Zukunft und aus fernen Galaxien kommen, um die Entwicklung auf der Erde voranzutreiben. Oft werden sie zum ersten Mal auf der Erde inkarniert und kennen die Regeln hier noch nicht.

Manche von ihnen fühlen sich hier nicht zu Hause. Weil sie aus einer leichteren Seinsform stammen, erscheint ihnen unsere Welt zurückgeblieben, sie ist ihnen zu schwer und zu altmodisch, zu starr. Ihr Energiefeld ist sehr stark, leuchtet und wirkt häufig fast kühl. Viele von ihnen sind ausgesprochen geistreich.

Sie verhalten sich respektvoll, insbesondere dann, wenn man sie entsprechend behandelt. Oft erzählen sie Geschichten von fremden Welten.

Sternenkinder interessieren sich nicht für Familiengeschichten, Religion, Politik oder Geschichte, weil sie durch und durch vergeistigt sind. Die Verhaltensformen auf der Erde kommen ihnen rückschrittlich vor. Sie langweilen sich schnell und interessieren sich für Astronomie und das Universum. Sie gehen ihren individuellen Weg.

Regenbogenkinder tragen altes Erdwissen in sich. Sie sind friedfertig und stark mit der Erde verbunden. Sie sprechen mit der Natur – Steinen, Pflanzen und Tieren, aber auch mit Engeln und Lichtwesen, und haben ein sehr feines Gespür für Energie. Sie lieben es, in der freien Natur zu sein. Oft sind sie künstlerisch veranlagt.

Delfinkinder lieben es, Freude und Spaß zu verbreiten. Sie machen die Menschen in ihrer Umgebung glücklich. Sie lieben Wasser und haben Freude an Kommunikation und Bewegung. Ihr Verhalten ist verspielt, aber klar, und sie gehen immer den Weg der Leichtigkeit und des geringsten Widerstands.

Ihre männlichen und weiblichen Seiten sind sehr ausgewogen. Sie mögen Geräusche und Musik, Bewegung und Tanz. Sie sind Lehrer aus der Zukunft, die uns, oft auf telepathischem Weg, neue Kommunikations- und Seinsformen vermitteln.

Wir sind im Ozean bei den Delfinen. Sie springen, wirbeln herum. Sie schwimmen zu mir herauf und sehen mir in die Augen, uralte Weisheit spricht aus ihnen.

Ein Junge in meiner Gruppe, zwölf Jahre alt, liebt es, auf den Wellen bodyzusurfen. Er lacht, seine Augen leuchten. Ich beobachte, wie ein paar Delfine mit ihm zusammen surfen. Er purzelt durch die Wellen, aber die Delfine stoßen niemals mit ihm zusammen. Sie haben eine vollkommene Körperbeherrschung, diese phantastischen Schwimmer der Meere. Der Junge und die Delfine wiederholen ihr Spiel mehrere Male.

Während ich sie beobachte, fällt mir auf, dass die Delfine mit dem Jungen zusammen lachen. Was für eine freudvolle Existenz, voller Verspieltheit und Liebe!

Später gehe ich mit meinen beiden Kleinkindern ins Wasser. Die Delfine sind weiter draußen im Meer, sie warten darauf, dass meine Töchter alt genug sind, um zu ihnen hinauszuschwimmen. In unserer Nähe befinden sich mehrere große Meeresschildkröten – honu, wie die Hawaiianer sie nennen. Meine Kinder reißen vor Staunen und Freude die Augen auf und lachen. Die Schildkröte – sie ist ein uraltes Symbol für Mutter Erde.

Mögen die Kinder unserer Kinder in sieben Generationen noch Schildkröten, Wale und Delfine, Bäume und Pflanzen betrachten können. Mögen sie die endlose Schönheit und den Überfluss auf unserem Planeten, der Erde, genießen!

Die Autorin über sich

Ich wurde 1968 in Amsterdam geboren und wuchs mehrsprachig in Österreich und den USA auf. Schon früh verstand ich mich als Brückenbauerin verschiedenster Kulturen und einer Neuen Zeit. Ich studierte Journalismus in Boston und schloss mein Studium begeistert und voller Idealismus mit *magna cum laude* als Zweitbeste meines Jahrganges mit 500 Studenten ab. Zehn Jahre lang arbeitete ich in dieser Branche: als Redakteurin für das Frauenmagazin *marie claire*, Radiomoderatorin für den SFB4 und freie Autorin von Reportagen und Interviews für diverse Zeitschriften wie *Cosmopolitan* und *Elle*.

Gleichzeitig, seit meinem achtzehnten Lebensjahr, beschritt ich einen spirituellen lernenden und heilenden Pfad. Meine stärksten Einflüsse waren Sun Bear, Osho und der Buddhismus. Ebenso bedeutsam waren und sind für mich mein Sein in der Natur sowie meine ausgiebigen Reisen und Begegnungen mit Walen und Delfinen in den Meeren aller Kontinente.

Seit meinem dreiundzwanzigsten Lebensjahr schwimme ich mit Delfinen und Walen und habe schon früh Ausbildungspraktika bei Delfin-Organisationen absolviert. Ich bin in der Begleitung von Menschen beim Schwimmen mit frei lebenden Delfinen ausgebildet und wurde zusätzlich schamanisch darin initiiert. In meiner Familie gibt es etliche Taucher, und so wuchs ich mit dem Meer auf und bin als zertifizierte Taucherin sehr erfahren. Auf all meinen Delfin- und Wal-Seminaren ist die Sicherheit der Teilnehmerinnen das Wichtigste. Dadurch wird der entspannte Kontakt zum Meer möglich. 2007 durfte ich anlässlich des Jahres des Delfins vor den Vereinten Nationen über ihren Schutz und ihre Bedeutung als Botschafter von Frieden und Sanftmut in der gegenwärtigen Zeitenwende sprechen.

Ich bin in Aufstellungen, Shiatsu und Reiki ausgebildet sowie für Schwitzhütten und die schamanische Arbeit. Im Schamanismus orientiere ich mich an Sandra Ingerman, Michael Harner und Sun Bear. Diese Art der schamanischen Arbeit wird seit 1980 von der Weltgesundheitsorganisation anerkannt als äußerst effektiv in der Aufrechterhaltung eines gesunden Gleichgewichtes der vier Ebenen des Menschen von Körper-Geist-Gefühle-Seele und als ebenso effektiv in der Behandlung psychosomatischer Beschwerden wie die Psychotherapie. Aufstellungen habe ich erlernt nach Virginia Satir und Bert Hellinger. Außerdem beherrsche ich energetische und schamanische Methoden der Ahnenarbeit und bin zertifizierte Hatha-Yoga-Lehrerin.

Der Fokus meiner Arbeit liegt auf Liebe, Freude und Leichtigkeit. Durch die Heilung der Seelenlandschaft kann jeder in Balance den eigenen und einzigartigen Platz im Geheimnis und Wunder des Lebens finden.

Ich bin eine glückliche und liebende Mutter von zwei Kindern.

Mehr Infos unter:
www.lisarainbow.com

Schwimmen mit freien Delfinen und Walen

mit der Autorin von
»Spirit im Gepäck«

Lisa Biritz

www.lisarainbow.com

Patricia Spadaro

**ACHTE DICH
SELBST!**

Die innere Kunst
des Gebens und
Annehmens

288 Seiten, mit Leseband
und Schutzumschlag
Amra Verlag, € 19,95

ISBN 978-3-939373-56-8

Patricia Spadaro zeigt, wie Sie ein Leben voller Hingabe führen können –
bei gleichzeitiger Entfaltung all Ihrer Möglichkeiten. Sollen Sie sich für
andere aufopfern oder selbst beschenken? Großzügig sein oder Grenzen
setzen? In einer Beziehung bleiben oder sich daraus verabschieden? Wenn
Sie die Schritte lernen, um das Gleichgewicht zu halten, können Sie
tanzen – und es entfaltet sich der Zauber des Lebens.

»Patricia Spadaro ist eine wundervolle Führerin durch die inneren Reiche
des Herzens. Ihre Worte geben mir immer wieder Kraft.«
        Marianne Williamson, Autorin von Rückkehr zur Liebe

Gewinner des Nautilus Award 2010 und des National Indie Excellence
Award 2010 – ein Buch, das die Welt verändert!

Patricia Spadaro ist eine international bekannte Autorin und Expertin für
praktische Spiritualität. Sie ist Mitverfasserin von sechs Bestsellern über
Persönlichkeitsentwicklung und den Vorbildcharakter weiser alter Kulturen
für unsere Zeit. Ihre Bücher werden in dreißig Ländern gelesen.

Leseproben auf www.AmraVerlag.de

»Wir vermitteln echtes Wissen indigener Völker aus erster Hand.«

DIE HEILIGE KULTUR DER MAYA

Hunbatz Men enthüllt die atlantische Herkunft seines Volkes

192 Seiten, Hardcover, Leseband
mit zahlreichen Illustrationen
Amra Verlag, € 19,95

ISBN 978-3-939373-74-2

Bisher war unbekannt, welchen enormen Einfluss die Kultur der
Maya auf die gesamte Zivilisation ausübte, seit sie von Atlantis kam.
Erstmals wird auch der Plejadenkalender erklärt, der 26.000 Jahre
oder ein Weltzeitalter umfasst und damit weit in die Zukunft reicht.

DER MAYA CODE

*Barbara Hand Clow erklärt
die Zeitbeschleunigung*

384 Seiten, Hardcover, zwei Lesebänder
mit einem Nachwort an die deutschen Leser
Amra Verlag, € 22,95

ISBN 978-3-939373-33-9

Dieses Buch verleiht uns eine neue Sicht vom Universum. Auf der Grundlage der Arbeit von Carl Johan Calleman und anderen Erforschern des Maya-
Kalenders untersucht die Autorin sechzehn Milliarden Jahre der Evolution
und entschlüsselt das Schöpfungsmuster – das Bewusstsein der Erde.

Textauszüge auf www.AmraVerlag.de

»Curare, Pacha Mama – heile, Mutter Erde!«

DAS GEHEIMNIS DER ATLANTISCHEN KRISTALLBIBLIOTHEK

Das *neue* Buch von Karin Tag
320 Seiten, davon 16 Seiten Fotostrecke
mit Leseband und Schutzumschlag
Amra Verlag, € 22,95

ISBN 978-3-939373-51-3

Eine goldgefasste Kristalltafel, die Portale in höhere Dimensionen öffnet,
Orakelsteine, die Lichtbilder projizieren, Teile des Skeletts und das Herz
von Amaru Muru, dem letzten Priester von Atlantis – diese und andere
magische Objekte aus reinem Bergkristall erhielt Karin Tag vom Volk der
Inka. In Trance erlebte sie, welchen Ursprung sie haben und welche Aufgabe
ihnen zukommt. Sie ging auf eine Reise, die sie ins Innere der Erde führte.
Dies ist ihr Bericht. Expertisen beweisen die Echtheit der Stücke.

HEILUNG DER ERDE

Eine Heilzeremonie nach
traditioneller schamanischer Überlieferung, gesungen von Karin Tag
Amra Records, 74 Minuten; € 19,95

ISBN 978-3-939373-71-1

Diese CD ist eine Rarität. Das Tönen der Muschel leitet ein Ritual ein,
das sich über eine Liebeserklärung an Mutter Erde, den Ruf des Kondors
und dreizehn weitere Stücke fortsetzt. Die Zeremonie dient dem Frieden
unseres Planeten und berührt alles, was lebendig ist, mit tiefer Liebe.

Textauszüge und Hörproben auf www.AmraVerlag.de

Spirituelle Pop-Songs

Mach dich bereit für die Neue Zeit,
steh auf und sei ein Krieger.
Spür diese Kraft, die du hast.

Mach einen Schritt. – Vertrau aufs Neue.

Nicole Haller
Neue Zeit
Amra Records
12 SpiriSongs; € 19,95
ISBN 978-3-939373-20-9

Hörproben auf
www.AmraVerlag.de

In jeder Hinsicht neu:

Origineller Deutsch-Pop-Rock. Ein intelligentes, intensives Spiel mit spirituellen Texten und eindringlichen Melodien. Mal inspirieren lyrische Passagen, dann erklingt wieder die pure Begeisterung am Leben. Immer funkeln die Lieder wundersam temperiert, erfüllt von Nicole Hallers klarer, kraftvoller Stimme.

Nicole Haller ist ausgebildet in klassischem Gesang und Jazz. Sie war Sängerin für Martin Johnson, der u.a. mit den Fantastischen Vier und Badesalz arbeitete, leitete mehrere Jahre einen Kinderchor und singt jetzt ihre eigenen Songs. Seit 2007 macht sie feinsten Poprock für Bauch, Beine und Kopf.

Produziert von
Ausnahmegitarrist Marc Hirte

Bestell-Hotline: +49 (0) 61 81 – 18 93 92
Überall erhältlich!